北京智能网联汽车产业发展研究

北京智能网联汽车产业集群研究课题组　著

中国财富出版社有限公司

图书在版编目（CIP）数据

北京智能网联汽车产业发展研究／北京智能网联汽车产业集群研究课题组著．—北京：中国财富出版社有限公司，2021.12

ISBN 978－7－5047－7636－5

Ⅰ．①北…　Ⅱ．①北…　Ⅲ．①汽车—智能通信网—产业集群—研究—北京　Ⅳ．①U463.67

中国版本图书馆 CIP 数据核字（2022）第 008030 号

策划编辑	李彩琴	**责任编辑**	张红燕　孟　婷	**版权编辑**	李　洋
责任印制	梁　凡	**责任校对**	张营营	**责任发行**	董　倩

出版发行	中国财富出版社有限公司		
社　　址	北京市丰台区南四环西路 188 号 5 区 20 楼	**邮政编码**	100070
电　　话	010－52227588 转 2098（发行部）		010－52227588 转 321（总编室）
	010－52227566（24 小时读者服务）		010－52227588 转 305（质检部）
网　　址	http://www.cfpress.com.cn	**排　　版**	宝蕾元
经　　销	新华书店	**印　　刷**	宝蕾元仁浩（天津）印刷有限公司
书　　号	ISBN 978－7－5047－7636－5/U·0122		
开　　本	710mm×1000mm　1/16	**版　　次**	2022 年 6 月第 1 版
印　　张	12.25	**印　　次**	2022 年 6 月第 1 次印刷
字　　数	201 千字	**定　　价**	68.00 元

本书课题组成员

课题负责人：王广宏

课题组成员：赵永珊

马晓春

唐文豪

周晓娜

刘沛罡

马国鑫

刘　晨

前言

PREFACE

当今世界正经历百年未有之大变局，新一轮科技革命和产业变革方兴未艾。智能网联汽车作为人工智能、5G通信、大数据、云计算、物联网等新技术的最佳集合应用平台，已成为极具发展活力的引领性产业。为迎接新一轮科技革命带来的挑战，占领智能网联汽车产业发展制高点，世界主要汽车强国已将智能网联汽车列入了各自的战略发展规划。我国11个部委于2020年年初联合发布了《智能汽车创新发展战略》，明确了我国发展智能网联汽车的总体要求和主要任务等。

北京汽车产业发展历史悠久，基础厚实，市场容量大。高居“2020年中国智能网联汽车产业投资潜力城市100强”“世界智能网联汽车产业发展指数（顺义指数）2019”等首位。目前，北京智能网联汽车产业规模已超过1000亿元。综合考量市场需求、产业链完整度、创新要素、应用场景、基础设施以及政策支持等方面，北京在智能网联汽车发展方面总体处于全国领先地位。

然而，我们也要清醒地看到，北京的智能网联汽车产业的发展还存在一些问题，面对的挑战也很严峻。主要表现在以下方面：产业链全而不强；核心技术和关键零部件远未实现自主可控；跨学科跨领域产学研协同和人才发展亟待加强；开放型道路测试场景不够丰富；封闭试验相关政策仍需完善；地方性标准和法规制定存在缺口；商业化模式不明晰；智能化路侧设施不完善；现有地图审核模式和加密技术制约高精地图的发展；等等。这些都是进入“十四五”以来，在减量发展的背景下，北京大力推进以科技创新为核心的全面创新，积极培育新产品新业态新模式新需求，构建“高精尖”经济结构，提高经济质量效益和核心竞争力，需要着力解决的问题。

为了破解北京智能网联汽车产业发展中的问题，推进国际科技创新中心建设，打造数字经济标杆城市，构建“高精尖”经济结构，我所专门成立了由王广宏副所长主持、经济研究部和改革研究部的科研人员共同构成的课题组，对北京智能网联汽车产业发展进行专题研究。课题组成员查阅了大量国内外文献资料，到相关企业、科研院所、中介机构、政府机关进行专题考察，就一些重点难点问题进行了深思细研，提出了研究报告。本书就是在研究报告的基础上深化而成的。

书中在介绍智能网联汽车理论以及全球智能网联汽车产业集群发展现状的基础上，提炼了发达国家和先进地区智能网联汽车发展的典型经验做法，阐述了发展北京智能网联汽车产业的重要意义，梳理了北京智能网联汽车产业发展的基础和优势，指出了北京智能网联汽车产业发展面对的问题和挑战，对北京智能网联汽车产业的发展进行了战略思考和路径探索，描绘了北京智能网联汽车产业发展图景。可以说，本书是北京智能网联汽车产业发展情况的总结，是对国家和北京智能网联汽车产业相关规划的解读和思考，是进一步研究智能网联汽车产业发展规律的基础，是政府部门和企业决策的参考，也可作为工程技术人员和在校学生的学习用书。

本书采取“集体讨论、共同会诊、分别撰写、统一核稿”的方式完成，是课题组集体智慧的结晶。具体撰稿分工如下：第 1 部分由马国鑫、王广宏撰写，第 2 部分由马晓春撰写，第 3 部分由王广宏、赵永珊、马国鑫、马晓春、唐文豪、周晓娜、刘沛罡、刘晨撰写，第 4 部分由刘晨撰写，第 5 部分由刘沛罡撰写，第 6 部分由唐文豪、马晓春撰写，第 7 部分由王广宏、周晓娜撰写，第 8 部分由赵永珊、唐文豪撰写，第 9 部分由王广宏、赵永珊、马晓春、唐文豪、周晓娜、刘沛罡、马国鑫、刘晨撰写。重点企业简介由马国鑫整理，产业发展政策名录由周晓娜汇总。王广宏负责框架设计并统稿。

本书不仅得到了所领导和所内其他部室人员的大力支持，还得到了国家智能网联汽车创新中心、国家新能源汽车技术创新中心等单位专家的热情指导，在此一并表示衷心感谢！

鉴于智能网联汽车产业发展涉及的问题较多，也较复杂，课题组的研究条件和工作深度有限，书中难免有不当和纰漏之处，敬请读者批评指正。

课题组
二〇二一年十二月

目录
CONTENTS

附件

1　智能网联汽车概述

1.1　智能网联汽车的概念

汽车的发源地在欧洲，但智能网联汽车萌芽于美国。最早提出智能网联汽车概念的是美国通用汽车公司。1939 年纽约世界博览会期间，美国通用汽车公司搭建的 Futurama 模拟城市展厅对外展出了对 20 年后的智能交通发展的畅想。当时，通用汽车公司设想在 20 世纪 60 年代的一座模拟城市中，所有的道路与交叉口都按照新的交通环境进行设计，城市中运行着配备了独立声音系统的车辆，有一个专职的交通管理中心，其中最为独特的是提出了自动高速公路的概念。这被认为是智能网联汽车和智能交通的雏形。

中国汽车工程学会在 2020 年 10 月发布了《节能与新能源汽车技术路线图 2.0》。《工业和信息化部关于加强车联网网络安全和数据安全工作的通知》将智能网联汽车定义为搭载先进的车载传感器、控制器、执行器等装置，并融合现代通信与网络技术，实现车与车、路、人、云端等智能信息交换、共享，具备复杂环境感知、智能决策、协同控制等功能，可实现“安全、高效、舒适、节能”行驶的新一代汽车。

1.1.1　国际汽车工程师学会对汽车自动驾驶的分级

2018 年，国际汽车工程师学会（SAE International）对汽车自动驾驶的分级进行了修订（见表 1 - 1）。

表 1-1 SAE International 对汽车自动驾驶的分级

<table>
<tr><td colspan="2">分级</td><td>L0</td><td>L1</td><td>L2</td><td>L3</td><td>L4</td><td>L5</td></tr>
<tr><td colspan="2">名称</td><td>无自动化</td><td>驾驶支持</td><td>部分自动化</td><td>有条件自动化</td><td>高度自动化</td><td>完全自动化</td></tr>
<tr><td colspan="2">定义</td><td>由驾驶员全权驾驶汽车，在行驶过程中可以得到警告</td><td>通过驾驶环境对转向盘和加减速中的一项操作提供支持，其余由驾驶员操作</td><td>通过驾驶环境对转向盘和加减速中的多项操作提供支持，其余由驾驶员操作</td><td>由无人驾驶系统完成所有的驾驶操作，根据系统要求，驾驶员提供适当的应答</td><td>由无人驾驶系统完成所有的驾驶操作，根据系统要求，驾驶员不一定提供所有的应答；限定道路和环境条件等</td><td>由无人驾驶系统完成所有的驾驶操作，可能的情况下，驾驶员接管；不限定道路和环境条件等</td></tr>
<tr><td rowspan="4">主体</td><td>驾驶操作</td><td>驾驶员</td><td>驾驶员/系统</td><td colspan="4">系统</td></tr>
<tr><td>周边监控</td><td colspan="3">驾驶员</td><td colspan="3">系统</td></tr>
<tr><td>支援</td><td colspan="4">驾驶员</td><td colspan="2">系统</td></tr>
<tr><td>系统作用域</td><td>无</td><td colspan="4">部分</td><td>全域</td></tr>
</table>

1.1.2 我国对智能网联汽车的分级

我国对智能网联汽车按照驾驶自动化和网联化两种模式进行分级。

（1）驾驶自动化分级

我国把智能网联汽车驾驶自动化划分为 6 个等级：0 级为应急辅助，1 级为部分驾驶辅助，2 级为组合驾驶辅助，3 级为有条件自动驾驶，4 级为高度自动驾驶，5 级为完全自动驾驶（见表 1-2）。

（2）网联化分级

按照网联通信内容的不同，将智能网联汽车划分为 3 个等级，1 级是网联辅助信息交互，2 级是网联协同感知，3 级是网联协同决策与控制（见表 1-3）。

表 1－2　我国智能网联汽车驾驶自动化等级

分级	名称	持续的车辆横向和纵向运动控制	目标和事件探测与响应	动态驾驶任务后援①	设计运行范围②
0 级	应急辅助	驾驶员	驾驶员及系统	驾驶员	有限制
1 级	部分驾驶辅助	驾驶员和系统	驾驶员及系统	驾驶员	有限制
2 级	组合驾驶辅助	系统	驾驶员及系统	驾驶员	有限制
3 级	有条件自动驾驶	系统	系统	动态驾驶任务后援用户（执行接管后成为驾驶员）	有限制
4 级	高度自动驾驶	系统	系统	系统	有限制
5 级	完全自动驾驶	系统	系统	系统	无限制*

*排除商业和法规因素等限制。

表 1－3　我国智能网联汽车网联化等级

网联化等级	等级名称	等级定义	控制	典型信息	传输需求
1	网联辅助信息交互	基于车—路、车—后台通信，实现导航等辅助信息的获取以及车辆行驶与驾驶员操作等数据的上传	驾驶员	地图、交通流量、交通标志、油耗、里程、驾驶习惯等	传输实时性、可靠性要求较低
2	网联协同感知	基于车—车、车—路、车—人、车—后台通信，实时获取车辆周边交通环境信息，与车载传感器的感知信息融合，作为自车决策与控制系统的输入	驾驶员与系统	周边车辆、行人、非机动车位置、信号灯相位、道路预警等信息	传输实时性、可靠性要求较高

① 当发生即将超出设计运行范围、驾驶自动化系统失效或车辆其他系统失效等不满足设计运行条件的情况时，由用户接管或由驾驶自动化系统执行最小风险策略的后备支援行为。

② 驾驶自动化系统设计时确定的适用于其功能运行的外部环境条件，典型的外部环境条件有道路、交通、天气、光照等。

续 表

网联化等级	等级名称	等级定义	控制	典型信息	传输需求
3	网联协同决策与控制	基于车—车、车—路、车—人、车—后台通信，实时并可靠获取车辆周边交通环境信息及车辆决策信息，车—车、车—路等各交通参与者之间信息进行交互融合，形成车—车、车—路等各交通参与者之间的协同决策与控制	驾驶员与系统	车—车、车—路之间的协同控制信息	传输实时性、可靠性要求最高

目前，我国汽车网联化处于起步阶段，即属于1级。

1.2 智能网联汽车的体系结构

1.2.1 智能网联汽车的层次结构

智能网联汽车以汽车为主体，利用环境感知技术实现多车辆有序安全行驶，通过无线通信网络等手段为用户提供多样化信息服务。智能网联汽车由环境感知层、智能决策层以及控制和执行层组成（见图1－1）。

（1）环境感知层

环境感知层的主要功能是通过车载环境感知技术、卫星定位技术、4G/5G及V2X（车用无线通信技术）等，实现对车辆自身属性和车辆外在属性（如道路、车辆和行人等）静、动态信息的提取和收集，并向智能决策层输送信息。

（2）智能决策层

智能决策层的主要功能是接收环境感知层的信息并进行融合，对道路、车辆、行人、交通标志和交通信号等进行识别，决策分析和判断车辆驾驶模式及将要执行的操作，并向控制和执行层输送指令。

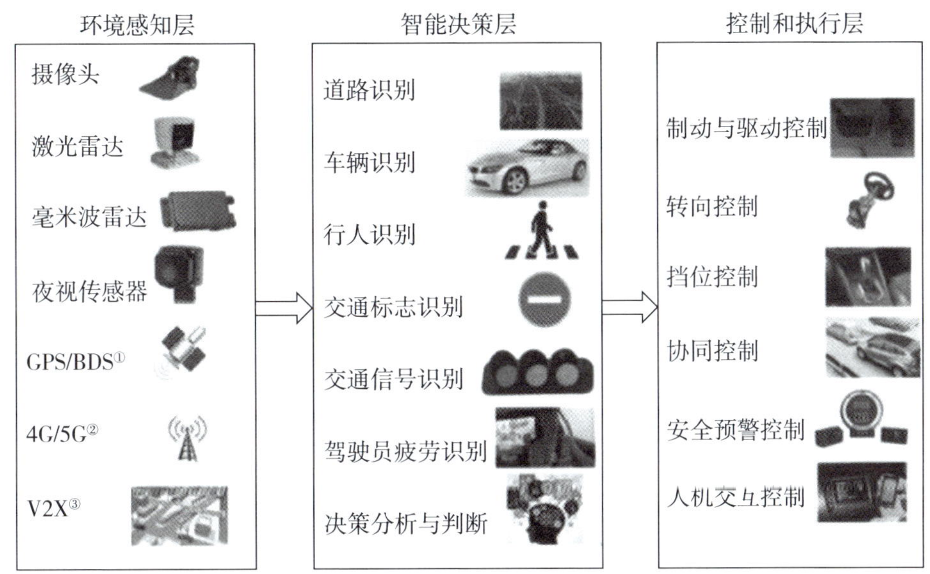

图 1－1 智能网联汽车的层次结构

（3）控制和执行层

控制和执行层的主要功能是按照智能决策层的指令，对车辆进行操作和协同控制，并为联网汽车提供道路交通信息、安全信息、娱乐信息、救援信息以及商务办公、网上消费等服务，保障汽车安全行驶和舒适驾驶。

1.2.2 智能网联汽车的技术逻辑结构

智能网联汽车的技术逻辑结构有“信息感知”和“决策控制”两条主线（见图 1－2），其发展的核心是由系统进行信息感知、决策预警和智能控制，逐渐替代驾驶员执行驾驶任务，并最终完全自主执行全部驾驶任务。智能网联汽车通过智能化与网联化两条技术路径协同实现信息感知和决策控制功能。

（1）信息感知

根据信息对驾驶行为的影响和二者的相互关系，将信息分为非驾驶相关

① GPS，全球定位系统；BDS，北斗卫星导航系统。

② 4G，第四代移动通信技术；5G，第五代移动通信技术。

③ V2X，车用无线通信技术。

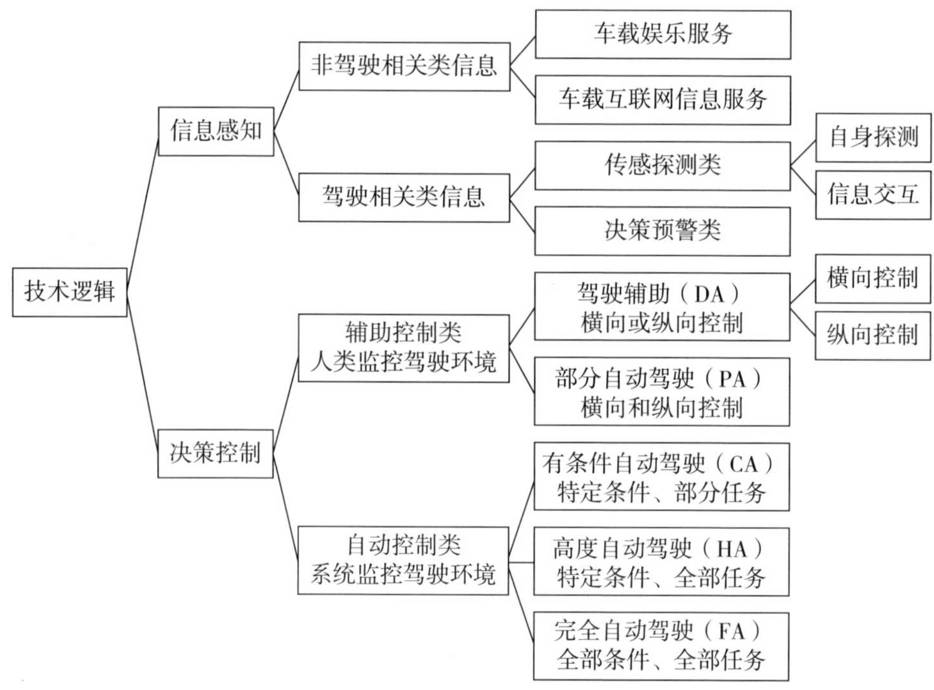

图1-2 智能网联汽车的技术逻辑结构

类信息和驾驶相关类信息。其中，非驾驶相关类信息主要包括车载娱乐服务和车载互联网信息服务；驾驶相关类信息包括传感探测类和决策预警类。传感探测类信息又可根据信息获取方式进一步细分为依靠车辆自身传感器直接探测所获取的信息（自身探测）和车辆通过车载通信装置从外部其他节点所接收的信息（信息交互）。智能化、网联化相融合可以使车辆在自身传感器直接探测的基础上，通过与外部节点的信息交互，实现更加全面的环境感知，从而更好地支持车辆进行决策和控制。

（2）决策控制

在决策控制方面，根据车辆和驾驶员在车辆控制方面的作用及职责，区分为辅助控制类和自动控制类，分别对应不同等级的决策控制。其中，辅助控制类主要指车辆利用各类电子技术辅助驾驶员进行车辆控制，如横向控制和纵向控制及其组合，可分为驾驶辅助（DA）和部分自动驾驶（PA）；自动控制类根据车辆自主控制以及替代驾驶员进行驾驶的场景和条件进一步细分为有条件自动驾驶（CA）、高度自动驾驶（HA）和完全自动驾驶（FA）。

1.2.3 智能网联汽车的技术架构

智能网联汽车涉及汽车、信息通信、交通等多领域技术，其技术架构较为复杂，可概括为“三横两纵”技术架构。“三横”是指智能网联汽车主要涉及的车辆关键技术、信息交互关键技术和基础支撑关键技术，“两纵”是指支撑智能网联汽车发展的车载平台和基础设施（见图1-3）。

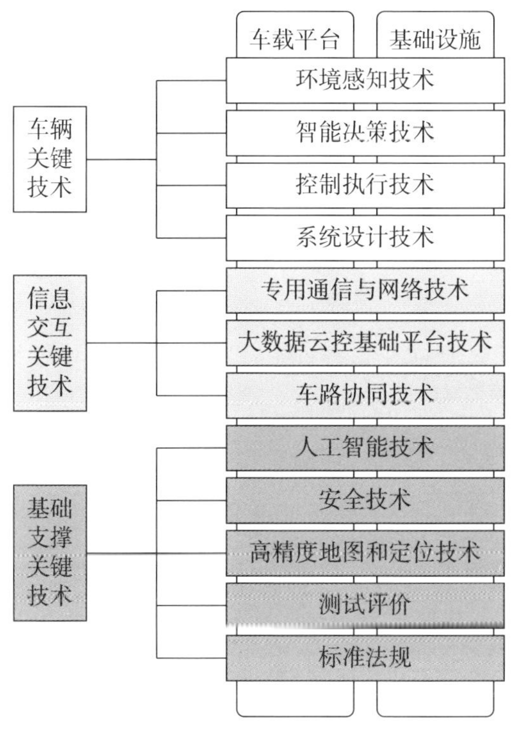

图1-3 智能网联汽车的“三横两纵”技术架构

图1-3中，基础设施除了指车载平台本身，还包括能够支撑智能网联汽车发展的全部外部环境条件，比如交通设施、通信网络、云控平台、定位基站等。这些基础设施将逐渐向数字化、智能化、网联化和软件化方向发展。

智能网联汽车技术体系在车辆关键技术、信息交互关键技术、基础支撑关键技术的基础上，可以进一步细分为第二层级与第三层级（见表1-4）。

表 1-4　　智能网联汽车“三横”技术体系

第一层级	第二层级	第三层级
车辆关键技术	环境感知技术	高精度传感器，包括成像系统、毫米波雷达、激光雷达、新型传感器等
		行驶环境感知技术
		车辆状态感知技术
		乘员状态感知技术
		态势分析技术
	智能决策技术	行为预测与决策技术
		轨迹规划技术
		基于深度学习的决策算法
	控制执行技术	关键线控执行机构，包括驱动、制动、转向、悬挂系统等
		车辆纵向、横向和垂向运动控制技术
		车辆多目标智能控制技术
	系统设计技术	电子电气架构技术
		人机交互技术
		智能计算平台技术
信息交互关键技术	专用通信与网络技术	C-V2X① 无线通信技术
		专用通信芯片与模块技术
		车载信息交互终端技术
		直连通信技术
		5G 网络切片及应用技术
	大数据云控基础平台技术	多接入边缘计算技术
		边云协同技术

① C-V2X（Cellular Vehicle-to-Everything）是基于蜂窝网络的车用无线通信技术。

续 表

第一层级	第二层级	第三层级
信息交互关键技术	车路协同技术	车路数字化信息共享技术
		车路融合感知技术
		车路融合辅助定位技术
		车路协同决策自动驾驶技术
		车路云一体化协同控制自动驾驶技术
基础支撑关键技术	人工智能技术	新一代人工智能与深度学习技术
		端到端智能控制技术
	安全技术	信息安全技术
		功能安全技术
		预期功能安全技术
	高精度地图和定位技术	高精度三维动态数字地图技术
		多层高清地图采集及更新技术
		高精度地图基础平台技术
		基于北斗卫星的车用高精度定位技术
		高精度地图协作定位技术
		惯性导航与航迹推算技术
	测试评价	测试评价方法与技术标准
		自动驾驶训练与仿真测试
		测试场地规划与建设
		示范应用与推广
	标准法规	标准体系与关键标准构建
		标准技术试验验证
		前瞻标准技术研究
		国际标准法规协调

1.2.4 智能网联汽车的产品物理结构

智能网联汽车的产品物理结构把技术逻辑结构所涉及的各种信息感知与决策控制功能落实到物理载体上。车辆控制系统、车载终端、交通设施终端、外接设备等按照不同的用途，通过不同的网络通道、软件或平台对采集或接收到的信息进行传输、处理，从而实现不同的功能/应用（见图1－4）。

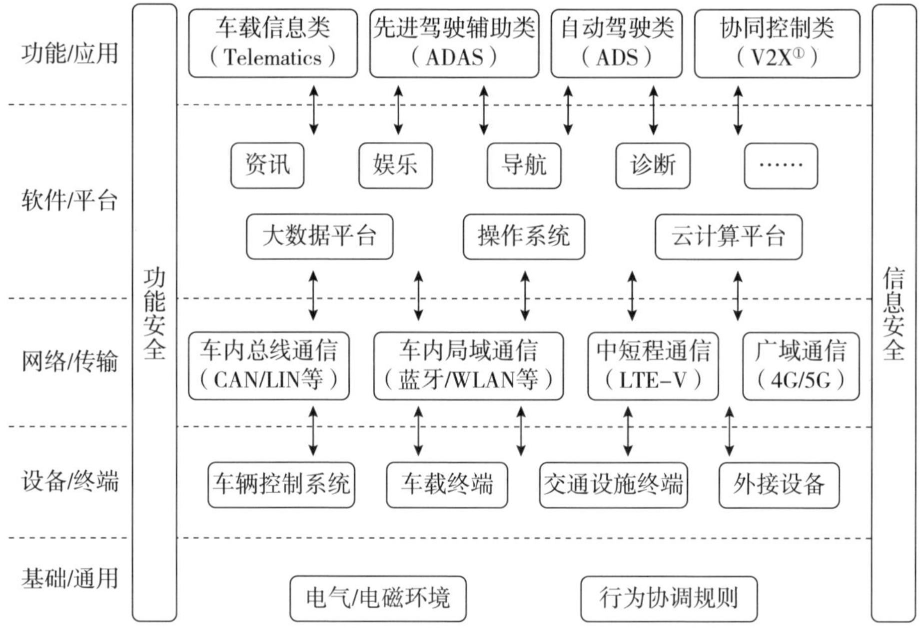

图1－4 智能网联汽车的产品物理结构

（1）功能/应用层

功能/应用层根据产品形态、功能类型和应用场景，分为车载信息类、先进驾驶辅助类、自动驾驶类以及协同控制类等，涵盖与智能网联汽车相关的各类产品所应具备的基本功能。

---

① V2X（Vehicle－to－Everything），是智能汽车和智能交通的支撑技术之一。V2X包含车辆与车辆V2V（Vehicle－to－Vehicle）、车辆与基础设施V2I（Vehicle－to－Infrastructure）、车辆与行人V2P（Vehicle－to－Pedestrian）、车辆与外部网络V2N（Vehicle－to－Network）等各种应用通信应用场景。

（2）软件/平台层

软件/平台层主要涵盖云计算平台和操作系统等基础平台产品，以及资讯、娱乐、导航和诊断等应用软件产品，共同为智能网联汽车相关功能的实现提供平台级、系统级和应用级的服务。

（3）网络/传输层

网络/传输层根据通信的不同应用范围，分为车内总线通信、车内局域通信、中短程通信和广域通信，是信息传递的“管道”。

（4）设备/终端层

设备/终端层按照不同的功能或用途，分为车辆控制系统、车载终端、交通设施终端、外接设备等，各类设备和终端是车辆与外界进行信息交互的载体，同时也作为人机交互界面，成为联结人和系统的载体。

（5）基础/通用层

基础/通用层涵盖电气/电磁环境以及行为协调规则。安装在智能网联汽车上的设备/终端需要利用汽车电源，在满足汽车特有的电气、电磁环境要求下实现其功能；设备/终端间的信息交互和行为协调也应在统一的规则下进行。

此外，产品物理结构中还包括功能安全和信息安全两个重要组成部分，两者作为智能网联汽车各类产品和应用需要普遍满足的基本条件，贯穿于整个产品物理结构中，是智能网联汽车各类产品和应用实现安全、稳定、有序运行的可靠保障。

1.3 智能网联汽车的关键技术

1.3.1 环境感知技术

环境感知包括车辆本身状态感知、道路感知、行人感知、交通信号感知、交通标识感知、交通状况感知、周围车辆感知等。车辆本身状态感知包括行驶速度、行驶方向、行驶状态、车辆位置感知等。道路感知包括道路类型检测、道路标线识别、道路状况判断、判断是否偏离行驶轨迹等。行人感知主要判断行驶车辆前方是否有行人，包括白天行人识别、夜晚行人识别、被障碍物遮挡的行人识别等。交通信号感知主要是自动识别交叉路口的信号灯、分析如何高效通过交叉路口等。交通标识感知主要是识别道路两侧的各种交通标志，如限速、弯道等，及时提醒驾驶员注意。交通状况感知主要是检测道路交通拥堵情况、检测是否发生交通事故等，以便车辆选择通畅的路线行驶。周围车辆感知主要检测车辆前方、后方、侧方的车辆情况，避免发生碰撞，也包括交叉路口被障碍物遮挡的车辆。

在复杂的路况环境下，单一传感器无法完成环境感知的全部内容，必须整合各种类型的传感器，利用传感器融合技术，使其为智能网联汽车提供更加真实可靠的路况环境信息。

1.3.2 无线通信技术

无线通信技术包括长距离无线通信技术和短距离无线通信技术。长距离无线通信技术用于提供即时的互联网接入，主要用4G/5G技术，5G技术有望成为车载长距离无线通信专用技术。短距离无线通信技术有专用短程通信技术（DSRC）①、蓝牙、Wi-Fi等，其中DSRC的重要性较高且亟须发展，它可以实现在特定区域内对高速运动目标的识别和双向通信，例如V2V、V2I双向通信，实时传输图像、语音等信息。

1.3.3 智能互联技术

当两辆车距离较远或被障碍物遮挡，导致直接通信无法完成时，两车之间的通信可以通过路侧单元进行信息传递，构成一个无中心、完全自组织的车载自组织网络。车载自组织网络依靠短距离无线通信技术实现V2V和V2I之间的通信，它使在一定通信范围内的车辆可以相互交换各自的车速、位置等信息和车载传感器感知的数据，并自动连接建立起一个移动的网络，典型的应用包括行驶安全预警、交叉路口协助驾驶、交通信息发布以及基于通信的纵向车辆控制等。

1.3.4 车载网络技术

车载网络是汽车的内部传感器、控制器和执行器之间的通信用点对点的

---

① 专门用于机动车辆在高速公路等收费点实现不停车自动收费ETC技术。

连线方式连成的复杂网状结构。目前，汽车上广泛应用的车载网络是 CAN、LIN、FlexRay 和 MOST 总线等，它们的特点是传输速率小，带宽窄。随着越来越多的高清视频应用进入汽车领域，如 ADAS①、360°全景泊车系统和蓝光 DVD 播放系统等，目前的车载网络传输速率和带宽已无法满足需要。以太网最有可能进入智能网联汽车环境工作，它采用星形连接架构，每一台设备或每一条链路都可以专享 100 兆带宽，而且传输速率达到万兆级。同时，以太网还可以顺应未来汽车行业的发展趋势，即开放性、兼容性原则，从而可以很容易将现有的应用嵌入新的系统中。

1.3.5 先进驾驶辅助技术

先进驾驶辅助技术通过车辆环境感知技术和自组织网络技术对道路、车辆、行人、交通标志、交通信号等进行检测和识别，对识别到的信息进行分析处理，传输给执行机构，保障车辆安全行驶。先进驾驶辅助技术是智能网联汽车重点发展的技术，其成熟程度和使用多少代表了智能网联汽车的技术水平，是其他关键技术的具体应用体现。

1.3.6 信息融合技术

信息融合技术是指在一定准则下利用计算机技术对多源信息分析和综合以实现不同应用的分类任务而进行的处理过程。该技术主要用于对多源信息进行采集、传输、分析和综合，将不同数据源在时间和空间上的冗余或互补信息依据某种准则进行组合，产生完整、准确、及时、有效的综合信息。智能网联汽车采集和传输的信息种类多、数量大，必须采用信息融合技术才能保障实时性和准确性。

1.3.7 信息安全与隐私保护技术

智能网联汽车接入网络的同时，也带来了信息安全的问题，在应用中，每辆车及其车主的信息都将随时随地传输到网络中被感知，这种显露在网络中的信息很容易被窃取、干扰甚至修改等，从而直接威胁智能网联汽车体系的安全，

① 先进驾驶辅助系统。

因此在智能网联汽车的发展过程中必须重视信息安全与隐私保护技术的研究。

1.3.8 人机界面技术

人机界面技术，尤其是语音控制、手势识别和触摸屏技术，在全球未来汽车市场上将被大量采用。全球领先的汽车制造商，如奥迪、宝马、奔驰、福特以及菲亚特等都在研究人机界面技术。

不同国家汽车人机界面技术的发展重点也不尽相同。美国和日本侧重于远程控制，主要通过呼叫中心实现；德国则把精力集中在车主对车辆的中央控制系统上，主要是奥迪的 MMI（多媒体交互）系统、宝马的 iDrive（智能驾驶控制）系统、奔驰的 COMMAND（驾驶舱管理与导航设备）。

智能网联汽车人机界面的设计，最终目的在于提供好的用户体验，增强用户的驾驶乐趣或改善驾驶过程中的操作体验；它更加注重驾驶的安全性，务必使人机界面的设计在用户体验和安全之间做好平衡。智能网联汽车人机界面应集成车辆控制、功能设定、信息娱乐、导航系统、车载电话等多项功能，方便驾驶员快捷地从中查询、设置、切换车辆系统的各种信息，从而使车辆达到理想的运行和操纵状态。未来车载信息显示系统和智能手机将无缝连接，人机界面提供的输入方式将会有多种选择，用户可进行自由切换。

1.4 智能网联汽车技术应用趋势

1.4.1 以深度学习方法为代表的人工智能技术快速发展和应用

以深度学习方法为代表的人工智能技术在智能网联汽车上正在得到快速应用。尤其在环境感知领域，深度学习方法已凸显出巨大的优势，正在以惊人的速度替代传统机器学习方法。深度学习方法需要大量的数据作为学习的样本库，对数据采集和存储提出了较高要求。但是，深度学习方法还存在内在机理不清晰、边界条件不确定等缺陷，且目前受车载芯片处理能力的限制，需要与其他传统方法融合使用以确保可靠性。

1.4.2 激光雷达等先进传感器加速向低成本和小型化发展

激光雷达相对于毫米波雷达等其他传感器具有分辨率高、识别效果好等优点，逐渐成为主流的自动驾驶汽车用传感器；但其体积大、成本高，同时也更易受雨雪等天气条件影响，这导致它现阶段难以得到大规模商业化应用。目前，激光雷达正在向低成本、小型化的固态扫描或机械固态混合扫描形式发展，但仍需要克服光学相控阵易产生旁瓣影响探测距离和分辨率，繁复的精密光学装调影响量产规模和成本等问题。

1.4.3 自主式智能技术与网联式智能技术加速融合

网联式智能技术能从时间和空间维度突破自主式智能技术对于车辆周边环境的感知能力。在时间维度上，通过 V2X 通信，网联式智能技术能够提前获知周边车辆的操作信息、红绿灯等交通控制系统信息以及气象条件、拥堵预测等更长期的未来状态信息。在空间维度上，通过 V2X 通信，网联式智能技术能够感知交叉路口盲区、弯道盲区、车辆遮挡盲区等位置的环境信息，从而帮助自主式智能技术更全面地掌握周边交通态势。网联式智能技术与自主式智能技术相辅相成，互为补充，正在加速融合发展。

1.4.4 高速公路与城市低速区域将是自动驾驶系统率先应用的场景

高速公路与城市低速区域将是自动驾驶系统率先应用的两个场景。高速公路的车道线、标志牌等结构化特征清晰，交通环境相对简单，适合车道偏离预警、车道保持、自动制动、自适应巡航控制等驾驶辅助系统的应用。而在特定的城市低速区域，可通过提前采集好高精度地图，设置好高精度定位系统及 V2X 支撑系统等，实现自动驾驶，如自动物流运输车、景区自动摆渡车、园区自动通勤车等。

1.5 我国智能网联汽车的发展愿景及产业目标

1.5.1 发展愿景

国家有关部门发布的相关规划及政策表明，我国要使智能网联汽车在可持续的发展轨道上朝着有益于文明进步的汽车社会发展，逐渐实现汽车强国目标，不断满足人民对美好生活的向往。具体来讲，就是要使智能网联汽车的发展体现以下几个方面的要求：一是安全，即大幅度降低交通事故数量和伤亡人数；二是高效，即显著提高交通和城市运行效率；三是节能减排，即有效降低交通领域能源消耗和污染排放；四是舒适和便捷，即提高驾驶舒适性，解放驾驶员；五是人性化，即使有驾驶能力的老年人和残障人士等都拥有驾乘出行的权利和可能。

1.5.2 产业目标

根据国家有关部门发布的相关规划及政策，并参考有关机构的研究结果，可以判断，到2035年，中国方案智能网联汽车技术和产业体系全面建成，产业生态健全完善，关键核心技术处于国际领先水平，整车智能化水平显著提升，高度自动驾驶智能网联汽车大规模应用，有效助推汽车产业转型升级、新兴产业经济重构和安全高效绿色的汽车社会文明形成，促进实现建设世界汽车强国的战略目标。具体来讲，可以分为以下几个发展阶段。

（1）发展期（2021—2025年）

①顶层设计

确立智能网联汽车发展战略中国方案，构建跨部门协同的管理机制，基本建成中国智能网联汽车的政策法规、技术标准、产品安全和运行监管体系框架，智能网联汽车协同创新体系、多产业融合体系和新型生态体系初步形成。

②技术和产品创新能力

建立较为完善的智能网联汽车自主研发体系、生产配套体系、创新产业链体系；掌握智能网联汽车关键技术，产品质量与价格均具有较强国际竞争力，在世界排名前十的供应商中有一两家我国的企业；智能交通系统建设取得积极进展，建设基本覆盖大城市、高速公路的车用无线通信网络和智能化基础设施，北斗高精度时空服务实现全覆盖，“人—车—路—云”系统达到初步协同。

③市场应用

到2025年，部分自动、有条件自动驾驶智能网联汽车的销量占当年汽车总销量的比例超过50%，高度自动驾驶智能网联汽车开始进入市场，C-V2X终端新车装配率达50%，网联协同感知在高速公路、城市道路节点（如交叉路口、匝道口）和封闭园区实现成熟应用，具备网联协同决策功能的车辆进入市场。在高速公路、专用车道、停车场等限定场景及园区、港口、矿区等封闭区域实现高度自动驾驶智能网联汽车的商业化应用。

（2）推广期（2026—2030年）

①顶层设计

智能网联汽车中国方案成为国际汽车发展体系的重要组成部分，全面建成中国智能网联汽车的政策法规、技术标准、产品安全和运行监管体系框架，技术创新能力显著增强，相关产业深度融合，新型产业生态基本建成。

②技术和产品创新能力

形成完善的智能网联汽车自主研发体系、生产配套体系、创新产业链体系；部分智能网联汽车关键技术达到国际领先水平，中国品牌智能网联汽车以及核心零部件企业具备较强的国际竞争力，实现产品大规模出口；建立完善的智能交通系统，形成覆盖城市主要道路的车用无线通信网络和智能化基础设施，“人—车—路—云”系统达到高度协同，智能网联汽车与智能交通形成高效的协作发展模式。

③市场应用

到2030年，部分自动驾驶、有条件自动驾驶智能网联汽车的销量占当年汽车总销量的比例超过70%，高度自动驾驶车辆占比达20%，C－V2X终端新车装配基本普及，具备车路云一体化协同决策与控制功能的车辆进入市场。高度自动驾驶智能网联汽车在高速公路广泛应用，在部分城市道路规模化应用。

（3）成熟期（2031—2035年）

①顶层设计

智能网联汽车中国方案产业体系更加完善，实现与交通、信息、互联网等领域充分协调，与智能交通、智慧城市产业生态深度融合，打造共享和谐、绿色环保、互联高效、智能安全的智能社会，支撑我国实现汽车强国、步入汽车社会。

②技术和产品创新能力

智能网联汽车重大关键核心技术全面取得自主掌控突破，技术创新能力领跑全球，中国品牌智能网联汽车以及核心零部件企业保持强劲的国际竞争力，形成一批引领世界的智能网联汽车整车和零部件企业，扩大产品出口规模。

③市场应用

到2035年，高速公路、城市道路等基础设施智能化水平满足高度自动驾驶智能网联汽车运行要求。高度自动驾驶、完全自动驾驶智能网联汽车具备与其他交通参与者之间的网联协同决策与控制能力，各类网联式高度自动驾驶汽车广泛运行于我国广大地区。

1.6 我国发展智能网联汽车产业的战略意义

1.6.1 发展智能网联汽车是我国汽车产业转型升级、由大变强的重要突破口

智能网联汽车将不仅是下一代汽车产品，也是个性化需求和数据的收集终端和交互平台，更是全新的智能制造体系及产业价值链的核心环节，将为我国汽车产业乃至整个制造业的转型升级提供战略支撑。改革开放40多年来，我国汽车产业快速发展，无论是从汽车保有量还是从整车销量来看，我国都已经是大国了。但不容回避的事实是我国在部分整车及关键零部件产品核心技术上尚不具备完全的自主知识产权，一直无法避免国外高端产品供应商技术垄断的危险。在汽车智能化、网联化产业趋势下，大力发展智能网联技术，实现核心技术的自主突破，形成技术领先优势，是我国从汽车大国迈向汽车强国的路径。

1.6.2 发展智能网联汽车是促进协同创新和增强经济增长新动能的重要抓手

在智能化时代，智能网联汽车是人工智能、物联网、云计算、能源存储等高新技术的重要载体，将广泛融合先进感知传感器、决策执行电控系统、人工智能芯片、人机交互器件、路侧感知设施、智能交通系统、5G－V2X信息通信、智慧城市智能共享出行系统、数据增值服务等新产业。这将打破汽

车传统的产业链、技术链和价值链，为我国汽车产业实现赶超提供重大机遇，也将推动新技术持续创新突破，促进产业间深度交叉融合，形成全新的、经济体量达万亿元级的、对未来产生深远影响的产业生态体系，创造科技创新的新供给，实现汽车产业从数量增长型向质量效益型转变，从自身独立发展向多元融合发展转变，从传统要素驱动向科技创新驱动转变，成为助力经济可持续增长的新动能。

1.6.3 发展智能网联汽车是推动社会智慧化转型的重要路径

智能网联汽车将有效且系统地加强汽车、道路基础设施和使用者之间的联系，促进智能交通系统构建与智慧城市建设，带动整个社会加快智慧化转型，形成保障安全、提高效率、改善环境、节约能源的智能交通运输系统。比如，通过 C－V2X 在十字路口进行信息广播和协同调度，可以避免或减少道路拥堵情况，提高车辆通行效率；又如，通过自动驾驶技术及 C－V2X 技术的应用，可以大幅降低碰撞事故的发生，提高交通安全性。再如，通过发展智能网联汽车可以填补在末端物流配送、环卫作业、公共交通等领域的劳动力缺口，降低运营成本。同时，发展智能网联汽车还可以提升社会公平性，保证老年人、残障人士等都拥有驾乘出行的权利和可能。此外，在疫情防控常态化之下，由高级别自动驾驶车辆来承担特殊区域的物资运输配送、清洁消毒、环卫治理等非接触型作业和服务的重要性尤为凸显，智能网联汽车对提升国家面临重大公共事件的治理能力具有重要的支撑作用。

2 全球智能网联汽车产业集群发展现状

2.1 产业集群与汽车产业集群

2.1.1 产业集群的概念

20世纪90年代初，美国战略管理学家迈克尔·E. 波特首次提出了产业集群（industry cluster）这一概念。他认为，产业集群就是在某一产业领域中，与该产业联系密切的上下游企业以及相关支撑机构在空间上集聚，并形成强劲、持续优势的现象。产业集群是产业与区域的有机结合。

2.1.2 产业集群对汽车产业的影响

从百余年的汽车工业发展史来看，产业集群对汽车产业的驱动作用是其他因素无法替代的。汽车产业集群化是推动美国、日本、德国等汽车强国培植和提升汽车产业竞争优势的重要途径，如美国基于大量生产方式的汽车产业集群而成为世界汽车工业的领先者，日本基于精益生产方式的汽车产业集群而后来者居上。

智能网联汽车属于横跨汽车、通信、信息技术等多学科的创新前沿领域，当前国内外学者对智能网联汽车的研究文献侧重于技术层面的研究，鲜见对智能网联汽车产业集群的研究文献。由于智能网联汽车产业与传统汽车产业具有诸多共性，在缺乏智能网联汽车产业集群研究文献的背景下，本书试图通过汽车产业集群相关文献找出智能网联汽车产业集群的发展规律。

2.2 全球主要汽车产业集群

国际汽车产业基本上是通过产业集群的方式而发展的，但不同国家汽车产业的集群化方式并不相同。

2.2.1 底特律汽车产业集群

美国三大汽车公司通用、福特和克莱斯勒都集聚于密歇根的底特律，形成了一个庞大的汽车产业集群。克莱斯勒公司在美国国内的 9 个整车工厂，有 5 个在这里；福特公司的 15 个工厂中有 7 个在这里；通用公司的 20 个工厂中有 8 个在这里。三大公司的部件厂在这一地区的集中度更高，密歇根州有 10 个发动机厂，5 个传动厂。[①]

底特律能形成美国最大的汽车产业集群主要有以下原因。

（1）交通发达

底特律所处的美国东北部是美国最早开发的工业区，公路与铁路交通非常发达。底特律地处五大湖区，水上交通方便，大大降低了运输成本。底特律还是重要的国际航空枢纽。

（2）临近原料市场

底特律附近煤铁资源丰富，距离最大的钢铁基地匹兹堡非常近，为汽车产业的发展提供了重要的资源基础。

（3）临近需求市场

底特律紧邻以纽约—华盛顿为核心的城市群和以芝加哥—多伦多为核心的城市群，汽车市场需求巨大。

（4）历史原因

美国早期来自欧洲大陆的移民有不少是手工业工人，他们迁徙到了底特律。20 世纪初汽车产业刚刚兴起的时候，汽车制造还是以手工业方式进行的，这些手工业技术工人为底特律汽车产业的发展作出了巨大贡献。

这些优势吸引了通用、福特和克莱斯勒三大汽车公司落户于此。福特制

---

① 见《全球价值链下汽车产业集群发展研究》。

生产方式得以推广，规模经济优势得以显现。大公司集聚于此也吸引了从零件制造、金融服务到汽车维修等公司为汽车产业提供专业服务，底特律成为美国甚至是世界的汽车制造中心。因为发达的汽车工业，底特律一度成为美国第五大城市。

然而，因为过度依赖汽车产业，随着汽车产业的下滑，2013 年底特律市政府破产。随着汽车产业集聚度的提升，各公司战略趋同，封闭自守、滋生创新惰性，降低了对市场的反应能力和适应能力。如虽然通用、福特和克莱斯勒三大汽车公司生产的汽车宽敞、气派、动力强，但耗油量大。20 世纪 70 年代石油危机后，油价大幅上升，日本汽车凭借价廉、低油耗的特点热销美国市场，三大汽车公司的市场份额逐渐被丰田、本田等公司蚕食，盈利大幅下降甚至出现亏损。底特律也由经济繁荣的大都市变成一个老工业区。

从底特律汽车产业的兴衰过程可以看出，起初生产成本、运输成本、市场需求、产业关联和外部性等因素促使底特律汽车产业壮大，但由于产业集群的结构性风险、自稔性风险又使其走向衰退。

2.2.2 斯图加特汽车产业集群

斯图加特地区是德国整车和零部件制造商密度最大的地区。斯图加特地区汽车产业集群涵盖了整车和零部件制造业、汽车服务业、相关支持产业、政府部门、高校与科研机构及行业协会在内的相关支持单位。2018 年，斯图加特地区整车和零部件制造业中共有 77 家企业。[①] 其中，戴姆勒 – 奔驰[②]和保时捷是斯图加特地区两大整车龙头企业。其总部和生产工厂都位于斯图加特地区，在拉动汽车产业集群发展中发挥了重要作用。两家整车制造商都面向高端汽车市场，且高度依赖海外市场。斯图加特地区还分布着几家重要的客车制造商——尼奥普兰巴士公司（Neoplan Bus GmbH）和艾瓦客车（Evo-Bus）。其中，艾瓦客车是梅赛德斯 – 奔驰集团的子公司，在欧洲六大客车公司中居于首位。整车企业的发展吸引了大量供应商在斯图加特地区集聚发展。

规模庞大且体系健全的零部件供应体系是斯图加特地区汽车产业集群网

① 见《德国斯图加特地区汽车产业集群支持体系与竞争力优势研究》。

② 1998 年更名为戴姆勒 – 克莱斯勒公司，2007 年更名为戴姆勒股份公司，2022 年更名为梅赛德斯 – 奔驰集团股份公司。

络的重要组成部分。在斯图加特地区集聚了博世、采埃孚等国际顶级汽车零部件供应商以及大量的中小型零部件供应商。

根据《美国汽车新闻》(*Automotive News*)发布的2019年汽车零部件供应商排名，博世处于排行榜首位，位于前50名的斯图加特地区零部件供应商还有采埃孚、马勒和埃贝赫。斯图加特地区顶级大型零部件供应商在营业能力和市场占有方面表现稳定。中小型企业是庞大零部件供应商体系的主要构成，在德国汽车制造业中，70%为中小型企业，这一比例在斯图加特地区更是高达96%。[①]

斯图加特形成汽车产业集群，有以下四方面原因。

(1)密集的配套产业

巴登-符腾堡地区集聚了很多汽车产业的零部件供应商，如电子、信息技术、塑料和玻璃、金属制造和处理、光学和精密仪器机械等公司，这促使该地区产生协同效应。其中，电子行业就有1000家公司，容纳21万名就业人口，占当地就业总人口的22%。[②] 由此，电子行业对于汽车行业的重要性可窥一斑。很多知名航空公司集聚于此，基于知识和创新的航天技术能极大地促进协同效应的发挥。

(2)雄厚的创新及研发资源

创新是维持汽车产业竞争力的关键所在，巴登-符腾堡的汽车产业集群在技术创新方面具有悠久的历史。例如，汽车安全气囊、点火控制器、行驶安全、防抱死系统等创新技术最早都来自巴登-符腾堡的汽车产业集群。

巴登-符腾堡地区的研究基础设施包括9所国立大学(斯图加特大学、弗莱堡大学等)、3所私立大学(卡尔斯鲁厄理工学院等)以及22所公共学院(其中16所是以技术为导向的)、14个马普学会研究机构(其中12个是自然科学研究机构)、7个独立的合同式应用型研究机构(在各大学)、15个弗劳恩霍夫协会应用研究机构、9个为中小企业提供技术帮助的研究所、3大国家级研究中心以及250个提供咨询、培训等服务的技术支持中心。巴登-符腾堡地区研发支出占GDP的比例高于德国平均水平，专利申

① 见《德国斯图加特地区汽车产业集群支持体系与竞争力优势研究》。

② 见《德国斯图加特地区汽车产业集群支持体系与竞争力优势研究》。

请数量是德国平均水平的2倍。[①]

(3) 丰富且优质的劳动力资源

巴登-符腾堡拥有丰富的人力资源和高质量的劳动供给。德国具有独特的双重培训体系，包括职业学校培训和理论专业培训。巴登-符腾堡的职业学校为汽车公司提供了大量训练有素的技术工人，占整个行业技术工人的48.3%。[②] 另外，该地区还有不少德国知名的高校，如弗莱堡大学等，其开设的汽车设计、汽车工程、工商管理等专业为汽车产业的发展提供了动力。

(4) 政策推动，平台集聚

国家和地方政府为汽车产业提供的系列配套政策发挥了重要作用。德国联邦教育及研究部为支持技术的地理集聚，创造了能力网络系统（network of competence），在高校、外部研究机构和企业之间建立交叉学科的网络系统，进而促进创新。全国91个网络系统中的21个（约23%）平台坐落在巴登-符腾堡。[③] 就业和社会政策方面，德国政府也直接或者间接提供资金来支持企业的研发、扩展、产品出口以及员工培训认证等。财政支持包括贷款计划、补贴以及提供担保等。

2.2.3 丰田城汽车产业集群

20世纪20年代，福特和通用在日本建立了汽车生产线，尼桑公司为两家生产零部件。20世纪30年代，尼桑公司开始自主生产汽车，并利用已有资金和技术在丰田兴建大型工厂。1955年日本政府做出支持本国汽车工业发展的决策，自此日产和丰田逐渐成为日本汽车生产中心。

丰田城拥有属于144家公司的160个工厂，其中86家公司的104个工厂是生产整车及汽车零部件的。以丰田汽车公司总厂为中心，一个个汽车零部件工厂相继建立，形成了一个直径为10千米左右，面积约为8000万平方米的丰田工业区。[④]

---

① 见《德国斯图加特地区汽车产业集群支持体系与竞争力优势研究》。

② 见《德国斯图加特地区汽车产业集群支持体系与竞争力优势研究》。

③ 见《德国斯图加特地区汽车产业集群支持体系与竞争力优势研究》。

④ 见《美日德汽车产业集群研究及中国汽车产业集群的战略选择》。

丰田城形成汽车产业集群，归纳起来有以下三方面原因。

（1）核心企业的主导作用

丰田城是世界著名的汽车产业集群之一，它采用的是轴轮式发展模式。丰田汽车公司是轴心企业，大量中小企业作为丰田汽车公司的供应商聚集在它周围，丰田汽车公司对周边中小企业的发展具有重要的影响。

（2）本地化网络联系

丰田城汽车产业集群主要是围绕独特的下承包制展开的。下承包制就是丰田汽车公司与中小企业以垂直型分工为依托建立起带有组织因素的非经典交易联系，形式为金字塔形。丰田汽车公司处于塔顶，下面有 168 家一级下承包企业，4700 家二级下承包企业，31600 家三级下承包企业，而四级以下的则无法统计。

通过这种层层承包关系，丰田汽车公司与有承包关系的中小企业形成了一种纵向的企业系列，丰田汽车公司与下承包企业间不仅是单纯的合同关系，在一定程度上对下承包企业有支配权。围绕这种下承包制，企业之间既相互竞争，又相互依赖；既有贸易关系，又有非贸易关系，从而形成一个紧密的企业网络。

企业间存在竞争关系。在下承包制中，中小企业与大企业间存在巨大的差距，这使它们无法在同一起跑线上开展竞争。企业间竞争主要是中小企业与大企业的分层竞争。中小企业围绕争取大企业的订货而集中在产品质量、交货时间、价格三方面进行竞争。它们之间的竞争并不是为了追求自身利益最大化而通过各种手段损害竞争对手利益的机会主义行为，而是有一些竞争规则的，这些规则是由地方文化形成的，是建立在信任基础之上的，任何机会主义行为都将付出巨大的代价。企业积极地通过设备改良、技术创新而降低生产成本，获得质量、价格等方面的竞争优势。

企业间存在相互依赖关系，主要表现在两方面：一方面是大企业与中小企业之间因为承包关系而存在依赖关系，另一方面是中小企业之间的依赖关系。随着丰田汽车公司对汽车市场的进一步拓展，一级下承包企业开始向其他零部件供应商进行业务分包，从而形成了多级下承包企业。

（3）丰田城汽车产业经济活动的社会根植性

丰田城汽车产业集群的发展，不仅取决于经济因素本身，而且取决于社会和文化因素。在丰田城有一个由 14 个企业组成的丰田集团。[①] 它以丰田汽车公司为核心，集团内的企业大都从事零部件、钢铁、工作母机、纺织机、纤维、家庭用品等生产活动。丰田集团的家庭成员就像一棵大树的分支一样，又像一张巨网覆盖了纺织、汽车及与汽车相关的行业。由于这种特定的人缘、地缘、血缘关系的存在，在产业集群内容易建立一套大家共同遵守的行为规范，在成文或不成文规范的指导下，集团成员间的相互信任程度很高，从而降低了市场交易成本，使成员间的贸易与非贸易、正式与非正式联系得以加强，这种联系的加强反过来又巩固了相互信任的集群社会网络。

日本特有的“商习惯”是企业在交易过程中的一些社会惯例，带有很浓的人际关系味道。大企业和中小企业在交易过程中不仅要考虑经济原则和短期利益，也要考虑商习惯。例如，由于各种原因丰田汽车公司在减少订货时，一般会向成本低的下承包企业购进工件，但基于商习惯，也会保留成本高的企业，并经常提醒和帮助它们降低生产成本，这使企业间的关系较为“融洽”。

2.2.4 北京汽车产业集群

北京汽车产业集群是以北汽集团作为轴企业形成的整车制造企业与相关零部件企业的区域集聚。北汽集团，全称为北京汽车集团有限公司，其下属整车制造公司有北京汽车、北京奔驰、北京现代和北汽福田，乘用汽车品牌主要为中高端车型。北汽集团的企业战略中明确提出通过自主技术创新形成自己的核心技术，做强自主品牌并以此逐步提升北汽集团的综合实力，打造“实力北汽”，成为国内一流、国际有影响的大型汽车公司。目前，北汽集团在技术上初步形成了以北汽汽车研究总院为核心，以收购先进汽车技术为辅助的技术研发创新及整合的技术开发体系。

2009 年北汽集团收购萨博整车开发体系后，在整车系统和关键技术开发方面都取得了不错成绩，整车开发体系处于国内先进水平，多次获得“中国汽车工业科学技术奖”，在北京汽车产业集群中的带动力不断提升，在集群中

① 见《丰田汽车产业集群的发展及启示》。

的核心企业地位更加凸显。伴随着北京汽车、北京奔驰、北京现代、北汽福田、长安汽车、理想汽车等整车制造企业的发展，北京汽车产业集聚了近600家汽车零部件企业。[①]

2.3 全球智能网联汽车产业集群雏形

智能网联汽车是跨领域融合的技术产业，突出特征是传统汽车产业和新兴信息通信技术（ICT）产业不断进行软硬件的技术融合。与传统汽车产业相比，智能网联汽车产业链条更长，参与者更多。除了整车企业、汽车销售和运营企业，还衍生出了自动驾驶技术方案提供商、平台服务商、内容提供商及相关测评服务企业等，产业协作模式更加多样。虽然目前尚未有关于智能网联汽车产业集群的统一定义，但汽车产业、人工智能产业、通信产业的集聚是智能网联汽车产业集群应有的特点。

2.3.1 美国智能网联汽车产业集群

凭借在人工智能和通信信息领域的技术优势，美国引领全球智能网联汽车产业的发展。无论是在产业链上游、中游还是下游，美国遥遥领先于其他国家。例如，上游有镜泰、天合、谷歌、英伟达、苹果等行业优势企业，中游有伟世通、特斯拉、通用等行业领军企业，下游有Uber（优步）、英特尔、Waymo等领军企业。

（1）美国智能网联汽车相关企业分布

加州是美国智能网联汽车企业数量最多的州，约占全美的六成，是名副其实的智能网联汽车产业集聚区（见表2-1）。传统汽车产业聚集区——密歇根州，凭借技术实力雄厚的汽车零部件企业（如镜泰、伟世通、天合等）、整车企业（如通用、福特等），在智能网联汽车产业中同样具有较大的影响力。此外，俄亥俄州、得州、俄勒冈州等地区也有一些智能网联汽车企业，但规模远不及加州和密歇根州。

① 见《北京地区整车厂产能布局及600家汽车产业链企业名录》。

表 2-1 美国智能网联汽车产业中的主要企业及其分布

上游	感知系统	摄像头	镜泰（密歇根州）
		激光雷达	Velodyne（加州）、Quanergy（加州）
		毫米波雷达	天合（密歇根州）、德尔福（俄亥俄州）
		高精度地图	谷歌（加州）
		高精度定位	博通（加州）、SIRF（加州）、Atmel（亚利桑那州）
	决策系统	计算平台	英伟达（加州）、英特尔（加州）、赛灵思（加州）、德尔福（俄亥俄州）、德州仪器（得州）
		操作系统	微软（华盛顿州）、苹果（加州）、英特尔（加州）、风河（加州）、谷歌（加州）
		芯片	Altera（加州）、Movidius（加州）、英伟达（加州）、高通（加州）、德州仪器（得州）、ADI（马萨诸塞州）、赛灵思（加州）
		算法	英伟达（加州）
	执行系统	集成控制系统	Autonomous（犹他州）
	通信系统	V2X 通信模块	Peloton（纽约州）、德尔福（俄亥俄州）、英特尔（加州）、Wireless（佐治亚州）、Mentor Graphics（俄勒冈州）、高通（加州）
		电子电气架构	德尔福（俄亥俄州）、江森自控（威斯康星州）、伟世通（密歇根州）、天合（密歇根州）、Vector（加州）、Mentor Graphics（俄勒冈州）、IBM（纽约州）、Freescale（得州）
		安全解决方案	德尔福（俄亥俄州）、英特尔（加州）、Green Hills（加州）、Vector（加州）、Visual Threat（加州）、ESG（俄亥俄州）
		云平台	微软（华盛顿州）

续 表

中游	智能驾驶舱	伟世通（密歇根州）、哈曼（华盛顿州）、Navdy（加州）
	自动驾驶解决方案	特斯拉（加州）、福特（密歇根州）、通用（密歇根州）、谷歌（加州）、苹果（加州）、德尔福（俄亥俄州）、Uber（加州）、英伟达（加州）、Drive. ai（加州）、Zoox（加州）、天合（密歇根州）、IBM（纽约州）
	智能网联汽车整车	通用（密歇根州）、福特（密歇根州）、特斯拉（加州）、Zoox（加州）、Cruise（加州）
下游	出行服务	Uber（加州）、Lyft（加州）
	物流服务	Waymo（加州）、Uber（加州）、Embark（加州）
	数据增值	英特尔（加州）、微软（华盛顿州）、思科（加州）

（2）加州成为美国智能网联汽车产业集聚区的原因

一是顶级理工类高校多。加州拥有三大公立高等学校系统：研究型大学 UC——加州大学（10 所分校），教学型大学 CSU——加州州立大学（23 所分校），社区学院 CCC——加州社区学院（119 所分校）；还有众多的私立大学和学院，著名的有加州理工学院、斯坦福大学、南加州大学等。加州大学签约管理着美国能源部的 3 个国家实验室，拥有诺贝尔奖得主不少于 120 位，美国国家科学院院士 389 位，约占美国国家科学院院士总数的 1/5。加州大学系统共拥有 10 所分校（见表 2－2），伯克利分校、洛杉矶分校、旧金山分校在全球大学综合实力排名中名列前茅。

表 2－2　　加州大学系统的 10 所分校

加州大学系统	伯克利分校（世界排名第 4）	洛杉矶分校（世界排名第 13）	旧金山分校（世界排名第 15）	圣迭戈分校（世界排名第 21）	圣塔芭芭拉分校（世界排名第 56）
	戴维斯分校（世界排名第 66）	尔湾分校（世界排名第 78）	圣克鲁兹分校（世界排名第 81）	河滨分校（世界排名第 158）	美熹德分校（世界排名第 693）

注：此表所指排名为 2021 U. S. News 世界大学排名。

二是顶级高科技企业多。加州北部的圣塔克拉拉谷（硅谷）云集了上万家高科技企业，这些企业大多是以信息技术和互联网技术为主，集研发、生产、销售于一体的科技企业，其中包括惠普、苹果、英特尔、施乐、思科、甲骨文、谷歌、脸书、推特、特斯拉等世界级企业。加州硅谷已形成微电子产业、信息技术产业、新能源产业、生物医学产业等产业集群。强大的微电子产业集群和信息技术产业集群助力加州智能网联汽车产业全球领先。

三是完整的科技服务体系。加州硅谷拥有众多的人力资源服务、技术转移服务、金融资本服务、管理信息咨询服务、财务服务和法律服务等多种类型的科技中介服务机构，形成了完善的科技服务体系，可为硅谷创新创业企业提供丰富、专业的服务。

四是良好的创新环境。加州硅谷的创新要素高度集聚，为创新活动的开展提供了良好的环境。顶级理工类高校为高科技企业提供了源源不断的前沿技术和创新人才，活跃的资本市场为创新活动提供了资金支持，严格的专利制度、完善的法律体系、充分的市场竞争、优美的自然环境、独特的创新文化等因素为加州硅谷营造了良好的创新环境。

2.3.2 德国智能网联汽车产业集群

(1) 德国智能网联汽车相关企业分布

凭借全球领先的整车企业、汽车零部件供应商以及雄厚的技术积累，在全球智能网联汽车产业竞争中德国仍具有非常强的竞争力。德国智能网联汽车相关企业分布较为分散（见表2-3）。

表2-3　德国智能网联汽车主要企业及分布

上游	感知系统	摄像头	采埃孚（腓特烈港）、大陆（汉诺威）、海拉（利普斯塔特）
		激光雷达	IBEO（汉堡）
		毫米波雷达	博世（斯图加特）、大陆（汉诺威）、海拉（利普斯塔特）
		高精度地图	HERE（柏林）
		高精度定位	—

续　表

<table>
<tr><td rowspan="12">上游</td><td rowspan="4">决策系统</td><td>计算平台</td><td>英飞凌（慕尼黑）</td></tr>
<tr><td>操作系统</td><td>—</td></tr>
<tr><td>芯片</td><td>—</td></tr>
<tr><td>算法</td><td>—</td></tr>
<tr><td>执行系统</td><td>集成控制系统</td><td>博世（斯图加特）、大陆（汉诺威）、采埃孚（腓特烈港）、克诺尔（慕尼黑）</td></tr>
<tr><td rowspan="4">通信系统</td><td>V2X 通信模块</td><td>博世（斯图加特）、大陆（汉诺威）、英飞凌（慕尼黑）</td></tr>
<tr><td>电子电气架构</td><td>博世（斯图加特）、采埃孚（腓特烈港）、MBTech（斯图加特）、ETAS（斯图加特）、Softing（哈尔）、英飞凌（慕尼黑）</td></tr>
<tr><td>安全解决方案</td><td>博世（斯图加特）、大陆（汉诺威）、ETAS（斯图加特）、英飞凌（慕尼黑）</td></tr>
<tr><td>云平台</td><td>—</td></tr>
<tr><td rowspan="3">中游</td><td colspan="2">智能驾驶舱</td><td>博世（斯图加特）、大陆（汉诺威）</td></tr>
<tr><td colspan="2">自动驾驶解决方案</td><td>奥迪（英戈尔施塔特）、宝马（慕尼黑）、奔驰（斯图加特）、博世（斯图加特）、瑞萨（斯图加特）、大陆（汉诺威）、Otto（汉堡）、采埃孚（腓特烈港）</td></tr>
<tr><td colspan="2">智能网联汽车整车</td><td>奥迪（英戈尔施塔特）、宝马（慕尼黑）、奔驰（斯图加特）、大众（沃尔夫斯堡）、戴姆勒（斯图加特）、Otto（汉堡）</td></tr>
<tr><td rowspan="3">下游</td><td colspan="2">出行服务</td><td>逸驾智能（大众子公司—北京）</td></tr>
<tr><td colspan="2">物流服务</td><td>—</td></tr>
<tr><td colspan="2">数据增值</td><td>—</td></tr>
</table>

（2）斯图加特成为德国智能网联汽车企业较为集聚地区的原因

斯图加特是智能网联汽车企业较为集聚的地区，主要原因有以下两点。

一是强劲的研发实力。斯图加特在智能网联汽车产业竞争中具有领先优势，在智能网联汽车重要零部件如摄像头、激光雷达、毫米波雷达、集成控制系统、电子电气架构等领域，ETAS、博世、MBTech 是行业的领头羊。在自动驾驶解决方案领域，奔驰、博世、瑞萨是行业领军企业。在智能网联汽车整车领域，奔驰、戴姆勒是行业领军企业。

二是众多理工类高校和研究机构为技术创新提供了源源不断的动力。

2.3.3 日本智能网联汽车产业集群

(1) 日本智能网联汽车相关企业分布

东京都是日本智能网联汽车企业最集聚的地区，既有本田等具有全球影响力的汽车制造企业，也有日立、瑞萨、东芝、NEC 等智能核心零部件生产企业以及 ZMP 等自动驾驶解决方案企业（见表 2－4）。传统汽车产业

表 2－4 日本智能网联汽车主要企业及分布

<table>
<tr><td rowspan="16">上游</td><td rowspan="5">感知系统</td><td>摄像头</td><td>日立（东京都）、松下（大阪市）、索尼（东京都）</td></tr>
<tr><td>激光雷达</td><td>电装（爱知县）、富士通天（兵库县神户市）</td></tr>
<tr><td>毫米波雷达</td><td>Mapmaster（爱知县名古屋市）</td></tr>
<tr><td>高精度地图</td><td>Zenrin（九州市）、三菱电机（东京都）</td></tr>
<tr><td>高精度定位</td><td>—</td></tr>
<tr><td rowspan="4">决策系统</td><td>计算平台</td><td>瑞萨（东京都）</td></tr>
<tr><td>操作系统</td><td>—</td></tr>
<tr><td>芯片</td><td>瑞萨（东京都）、东芝（东京都）</td></tr>
<tr><td>算法</td><td>—</td></tr>
<tr><td>执行系统</td><td>集成控制系统</td><td>爱德克斯（爱知县）、日立（东京都）、日信（长野县）</td></tr>
<tr><td rowspan="4">通信系统</td><td>V2X 通信模块</td><td>日立（东京都）、瑞萨（东京都）、电装（爱知县）、OKI（东京都）</td></tr>
<tr><td>电子电气架构</td><td>日立（东京都）、瑞萨（东京都）、电装（爱知县）、NEC（东京都）、富士通（神奈川县）</td></tr>
<tr><td>安全解决方案</td><td>日立（东京都）、瑞萨（东京都）、电装（爱知县）、Trillium（东京都）</td></tr>
<tr><td>云平台</td><td>—</td></tr>
</table>

续 表

中游	智能驾驶舱	先锋（东京都）、阿尔派（东京都）、松下（大阪市）
	自动驾驶解决方案	丰田（爱知县）、本田（东京都）、日产（神奈川县横滨市）、电装（爱知县）、ZMP（东京都）
	智能网联汽车整车	丰田（爱知县）、本田（东京都）、日产（神奈川县横滨市）
下游	出行服务	Monet（东京都）、丰田（爱知县）、日产（神奈川县横滨市）
	物流服务	—
	数据增值	NTN（大阪市）

聚集区——爱知县，凭借丰田、电装、爱德克斯等行业领军企业在全球智能网联汽车产业竞争中依然具有较强的竞争力；此外，虽然大阪、神户等地的智能网联汽车企业聚集度远不如东京都，但松下、富士通天等企业在关键零部件领域仍具有非常强的实力。

（2）东京都成为日本智能网联汽车企业集聚区的原因

一是作为全球科技创新中心之一，汇集了大量的科创资源。东京都市圈拥有日本30%的科研机构、40%的科研人才和50%的政府科研投入,[①] 具有极强的科技创新能力并形成了良好的创新生态环境。

二是东京都积极打造知识密集型创新群落。东京都政府遵循市场经济发展规律，提倡顺应市场变化进行创新治理，强调企业产品设计要与客户需求紧密结合。政府支持大学教师在企业担任学术、技术顾问，提供科技指导和技术咨询，以增强知识溢出能力。政府鼓励企业和大学召开系列科技知识交流活动，进而提高知识转移效率。东京都国际枢纽地位与产学研合作形成的创新集群相辅相成，逐渐演化成典型的内生型全球科创中心。

三是依托创新要素聚集优势，持续施策助力政产学研协同合作发展，促进创新集群的知识溢出与知识转移，实现社会创新资源高效协同。2018 年 6 月，日本政府颁布的科学技术综合创新战略，对产学研创新模式作出进一步规划，指出要构建新型人才、知识、资金等创新要素循环体系，重点推进开放式创新结构的强化、中小企业创新能力的强化和地方创新等工作。2016 年

① 见《筑波科学域：世界级科研中心，日本第一科学城是这样炼成的》。

11 月日本经济产业省与文部科学省联合制定加强产学官合作开展共同研究的指导方针，旨在构建以产学研为核心的知识集约型产业创新生态环境，同时推进政产学研合作的管理体制，促进企业资金向高校流动。政府从科技研发、成果转化和知识产权保障等方面出台系列科技创新保障制度，并针对研究经费补助、管理人才、捐赠、其他竞争性资金、知识产权等内容建立知识共享数据库鼓励知识流动。

四是政府推行 Society 5.0（社会 5.0）模式，提升高新技术面向社会公众的应用程度，促进虚拟空间与现实空间高度融合，宣扬技术惠民精神，倡导科技改善民生。2016 年 1 月，日本内阁会议通过了第五个国家科技振兴综合计划《第五期科学技术基本计划（2016—2020）》，首次提出社会 5.0 战略，构建了完整的战略体系和实施方针。2018 年 6 月，日本政府出台科学技术综合创新战略，强调推行社会 5.0 战略的核心目标是打造人工智能、物联网、大数据和人机交互等技术驱动下的“超智能社会”。

雄厚的科研创新实力以及政府注重从解决社会问题出发，鼓励高校、科创企业将高新技术应用于社会服务等因素决定了东京都成为日本智能网联汽车企业最集中的地区。

2.3.4 北京智能网联汽车产业集群

凭借国际科技创新中心和人才集聚的优势，北京正在加速从传统汽车产业集群向智能网联汽车产业集群转变。北京能够成为国内智能网联汽车产业集群的地区，主要原因有以下两点：一是北京拥有相对完整的智能网联汽车产业链。在智能网联汽车产业链上游（感知系统、决策系统、执行系统、通信系统）、产业链中游（智能驾驶舱、自动驾驶解决方案、智能网联汽车整车）和产业链下游（出行服务、物流服务和数据增值）北京均有企业布局（见表 2 -5）。二是部分链条优势明显。上游环节，百度、高德、四维图新等企业在高精度地图领域处于行业领先；北斗星通、合众思壮、七维测绘等企业在高精度定位领域处于行业领先；百度、地平线机器人等企业在计算平台领域具有较强的竞争力；百度、中科寒武纪、初速度等企业在算法领域处于行业领先。中游环节，百度、小马智行等企业拥有领先全国的自动驾驶解决方案。下游环节，滴滴、首汽集团、易到用车等企业在出行服务领域处于行业领先。

表 2-5　　北京智能网联汽车主要企业及分布

上游	感知系统	摄像头	地平线科技、中科慧眼、双髻鲨、经纬恒润、鑫洋泉电子
		激光雷达	北科天绘、北醒光子、经纬恒润、一径科技、洛伦兹科技、探维科技、锐驰智光、数字绿土、万集科技
		毫米波雷达	行易道、凌波微步、木牛科技、川速微波、理工雷科
		高精度地图	百度、高德、四维图新、正元地理、天地图、航天星图、腾讯地图、易图通、滴图科技、迪路科技、宽凳科技、深动科技
		高精度定位	北斗星通、合众思壮、七维测控、北斗天汇、华力创通、中国移动、六分科技、国网思极神往
	决策系统	计算平台	地平线机器人、百度、驭势科技
		操作系统	百度、智行者、小马智行、蘑菇车联、中科创达、东软集团、梧桐车联
		芯片	深鉴科技、中科寒武纪、地平线机器人、四维图新、兆易创新、北京君正
		算法	百度、中科寒武纪、驭势科技、初速度、深鉴科技、旷视科技、东软集团、中科创达、四维图新
	执行系统	集成控制系统	北汽、驭势科技、滴滴、百度、智行者、小马智行、禾多科技
	通信系统	V2X 通信模块	大唐电信、千方科技、北汽、百度、蘑菇车联、四维智联、万集科技、星云互联、东软集团
		电子电气架构	北汽、长城华冠、经纬恒润
		安全解决方案	360、梆梆安全、赛迪测评中心、百度、东软集团、亿赛通、中科创达
		云平台	百度、启迪国际、清研宏达、四维图新、高德、车和家、联通智网、九五智驾、四维智联

续 表

中游	智能驾驶舱	中科创达、可可家里、商汤科技、布谷鸟科技、四维智联
	自动驾驶解决方案	北汽、百度、东软集团、四维图新、高德、清飞科技、禾多科技、奥特贝睿、易航智能、初速度、驭势科技、主线科技、图森未来、小马智行
	智能网联汽车整车	北汽、车和家、百度
下游	出行服务	滴滴、首汽集团、易到用车、神州租车、九五智驾、嘀嗒出行、飞驰镁物、凌动智行、宝驾租车
	物流服务	智行者、驭势科技、G7 物联、图森未来、西井科技
	数据增值	智驾出行、彩虹无线、联华思创、九五智驾、初速度、优必爱、钛牛科技、海川天地、众智先导、明道通科技、轩辕联科技、中交慧联、铂骏北京、微云车联、一雄信息科技、商车云、斯润天朗、博派通达科技、车道君安、高科数聚

2.4 小结

目前智能网联汽车仍处于技术积累阶段，智能网联汽车产业仍处于产业化前期阶段，客观上看，即使是美国等汽车强国也尚未形成较为稳固的智能网联汽车产业集群。对比美国、德国、日本和北京智能网联汽车相关企业聚集情况可以发现以下两个相似的特点。

一是智能网联汽车产业集群所在地大多是科技创新中心。美国加州硅谷、日本东京都以及北京都是智能网联汽车相关企业聚集的区域，也都是科技创新中心，这些区域均拥有众多有全球影响力的理工类高校和科研机构，集聚了大量的科创企业。

二是谁掌握智能网联汽车核心技术，谁就有话语权。无论是成立不足 10 年的 Waymo 公司，还是互联网巨头谷歌、苹果公司，或者是传统汽车零部件企业博世、大陆、电装等公司，谁拥有核心技术、谁能够生产关键零部件，谁就在全球智能网联汽车产业竞争中拥有话语权。

北京智能网联汽车产业布局较为完善，但在核心技术和关键零部件领域仍处于“跟跑”阶段。在算法、云平台、高精度地图、高精度定位等领域，北京与国际先进水平保持同步；但在底层技术和关键核心零部件方面，如在操作系统、车规级芯片等领域，北京还处于“跟跑”阶段，仍存在“卡脖子”风险。另外，由于北京制造业比重低，特别是零部件配套企业数量少、规模小，即使在关键零部件研发有突破，也很难在北京落地产业化。

3 发达国家和先进地区智能网联汽车发展的典型经验与启示

3.1 发达国家和地区在自动驾驶政策和实践方面开展了许多前沿探索

3.1.1 美国

（1）政策法规

美国对自动驾驶最早的需求来源于军方，早在20世纪80年代美国军方即开始探索自动驾驶技术在军事领域的应用，尝试用机器代替人进行军事车辆的操控执行危险的战场任务。从2004年开始，美国国防高级研究计划局（Defence Advanced Research Projects Agency，DARPA）为了吸引和鼓励更多的研究人员从事自动驾驶的研究，促进技术进步，组织了一系列DARPA无人车比赛，自动驾驶开始迅速进入公众视野，引起了社会的广泛关注。

在民用领域，美国从20世纪90年代开始实施“智能交通系统”（Intelligent Transportation Systems，ITS）项目，2009年提出将车辆网联化作为重点研究方向，2014年提出2015—2019年战略规划，并进一步加入了车辆智能化的研究计划。

美国交通运输部下属的国家道路交通安全管理局（National Highway Traffic Safety Administration，NHTSA）于2013年5月发布了《关于自动驾驶车辆的政策初步声明》，提出美国智能网联汽车技术及标准法规研究制定的重点，建议各州鼓励和批准公共道路自动驾驶测试，但不批准自动驾驶汽车的市场销售。其实早在该项声明发布之前，内华达州和佛罗里达州即通过了相关的法规允许自动驾驶汽车在公共道路上进行测试和运行，在该项声明发布后，弗吉尼亚州、亚利桑那州、加州、密歇根州等也纷纷出台了相关的支持政策。

2015 年，美国正式发布《美国智能交通系统（ITS）战略规划（2015—2019）》，将智能网联汽车作为发展智能交通系统的重点。之后陆续发布一系列政策文件，对各州的碎片化法规做统一管理，以推进国家自动驾驶汽车产业的整体发展。

2016 年，NHTSA 进一步发布了《自动驾驶政策指南》，从联邦的角度对高度自动驾驶汽车的相关厂商提出了安全监管要求，涉及自动驾驶汽车性能指南、州政策模式、NHTSA 当前监管方式、监管新工具 4 个方面的内容。该指南提出自动驾驶汽车制造商可以从数据记录和共享、隐私、系统安全、整车网络安全、人机界面、耐撞性等 15 个方面来进行自动驾驶安全评估并公布，以回应监管部门和社会公众对自动驾驶安全性的关切。

在首版自动驾驶指南发布 1 年之后，2017 年 9 月美国交通运输部部长赵小兰在密歇根大学的新闻发布会上揭晓了修订之后的自动驾驶指南，即《自动驾驶系统 2.0：安全愿景》（也称新版指南），回应了自动驾驶相关企业对于法律障碍的担忧。与首版相比，新版指南被认为对自动驾驶汽车研发的评估和测试程序进行了简化，因而获得了主机厂商和零部件厂商的欢迎。新版指南鼓励美国各州根据自身实际情况制定相关的政策，联邦政府未来会制定更加正式的监管条例。

2018 年 10 月，美国交通运输部发布了《准备迎接未来交通：自动驾驶汽车 3.0》（AV3.0 版）；此次发布的 AV3.0 版指南解决了之前版本中未涉及的进一步整合问题。在 AV3.0 版指南中，交通运输部阐明了它对自动驾驶汽车未来决策、法规和策略进行评估的基本原则。该指南为企业理解和学习预测交通运输部在未来可能采取的行动奠定了基础。交通运输部还列出了五项实施战略，包括提高利益相关者和公众的参与度、提供最佳实践和政策建议以支持利益相关者、支持自愿性技术标准、开展有针对性的研究以及法规的现代化更新等。

2020 年 1 月，美国发布《确保美国自动驾驶汽车技术的领导地位：自动驾驶汽车 4.0》（AV4.0 版），进一步明确政府工作方向和发展原则。AV4.0 版提出整合交通运输部、国家运输安全委员会、内政部等 38 个联邦政府部门、行业机构自动驾驶管理方面的相关职能，为自动驾驶汽车产业发展提供全方位的支持，并在技术投入、保障工作、行政资源方面进一步明确了自动驾驶领域的主要工作。此外，AV4.0 版扩展并发布了十大技术发展原则，涉及保护用户和社会、促进市场高效运行和促进协作三大方向，充分体现了“促进创新、保障自由、美国优先”的思路。

2020 年 3 月，美国发布《ITS 战略规划（2020—2025）》，提出六大规划领域，包括新兴和使能技术、网络安全、数据访问和交换、自动驾驶、完整出行、加速 ITS 部署。同时已经从关注自动驾驶、网联汽车的研究过渡到加速 ITS 部署与应用，关注系统化、完整的出行服务部署，明确加强对 ITS 部署支撑技术的研究，例如数据交互、网络信息安全等技术。在 V2X 通信方面，2015 版规划明确 V2V 采用 RC 技术，但在 2020 版规划中已经删除此项要求，提出要关注 5G 等创新技术的快速发展与应用。美国 ITS 以五年规划为蓝图布局智能交通发展战略，其愿景和使命具有一定的延续性和继承性。在战略重点上，2010 版规划强调交通的联通性，2015 版规划重视车辆自动化和车辆与基础设施互联互通，2020 版规划从强调自动驾驶和智能网联汽车单点突破到新兴科技全面创新布局，完善基于技术生命周期的发展策略，着重推动新技术在研发、实施、评估全流程的示范应用。

除了发布指导意见，美国在自动驾驶领域的立法进程也在加快。2017 年 9 月，美国众议院首次批准了《自动驾驶法案》，该法案赋予美国政府制定自动驾驶汽车监管条例的权力，并鼓励自动驾驶汽车的测试和研发以确保车辆安全。该法案涉及联邦政府和各个州政府如何在自动驾驶的立法和监管上进行分工、成立自动驾驶咨询委员会、督促 NHTSA 加紧制订自动驾驶汽车的安全监管计划等内容。

截至 2022 年 9 月，美国已有 40 余个州颁布自动驾驶相关法律和行政命令，其中加州作为世界无人驾驶道路测试的聚集地，于 2019 年批准了道路测试法规修订，在美国加州车辆管理局（DMV）批准下，允许部署 10001 磅以下自动驾驶卡车、物流车。值得关注的是，2020 年 2 月，NHTSA 公布 Nuro 公司开发的无人驾驶配送车辆取得豁免资格，意味着车辆可以在公共道路上合法地提供无人货物配送服务，这是美国豁免的第一个自动驾驶商业应用案例。

（2）标准制定

在辅助驾驶领域，美国国内销售的车辆配备的高级辅助驾驶系统 ADAS 都需要满足 NHTSA 负责管理的《联邦机动车辆安全标准》，该标准涵盖主动安全、被动安全等 5 个板块，NHTSA 一直在根据汽车行业技术的发展不断迭代和更新该标准的内容。除了《联邦机动车辆安全标准》，美国还有一些其他的非强制性测试评价办法，比如新车评价规程。

在自动驾驶分级标准方面，2018 年，美国汽车工程师学会对汽车自动驾驶的分级进行了修订。

在网联标准领域，美国主推的是专用短程通信技术 DSRC，美国电气和电子工程师协会（IEEE）及 SAE 联合制定了 WAVE 体系。IEEE 802. 11p 定义了 WAVE 的物理层和 MAC（媒体访问控制）层，是 IEEE 802. 11 标准的修订协议。IEEE 1609 系列协议主要包含 IEEE 1609. 4、IEEE 1609. 3 和 IEEE 1609. 2 标准，定义了 WAVE 的中间层和顶层，即网络层、传输层和应用层。IEEE 1609. 2 定义了 WAVE 中的安全机制，主要包括加解密、认证及隐私保护等功能。IEEE 1609. 3 定义了网络传输服务，包含短信通信协议（WSMP）和 WAVE 业务公告（WSA）。IEEE 1609. 4 是 MAC 的扩展，负责制定信道间的切换方式。网联化对于自动驾驶意义重大，可以在车载传感器感知信息的基础上加入更加宏观的交通道路信息，辅助智能网联汽车进行自主决策。实际上，众多汽车企业已经投入 DSRC 的技术研发中。

（3）测试示范

美国政府和相关企业高度重视自动驾驶汽车的测试评价和示范运营工作。截至 2021 年年底，全美已规划有数十个智能网联汽车测试评价基地和运营示范区，这些试验场的建设，一方面可以发展相关的测试评价技术，进而促进智能网联汽车相关技术的发展，另一方面可形成示范效应，引发关注，吸引更多的企业加入智能网联汽车的研发和试验中来。下面选取几个典型的试验场进行简单介绍。

M－City：M－City 位于密歇根州安娜堡市，占地 32 英亩[①]，由密歇根大学交通改造中心和密歇根州政府交通厅共同出资成立，由密歇根大学负责具体运营，是美国首个也是世界上第一个为测试自动驾驶汽车和车联网技术而专门建设的测试试验区。为了测试无人驾驶汽车在不同道路工况下的性能，M－City将试验区划分为用于模拟高速公路工况的高速试验区和用于模拟市区与近郊道路工况的低速试验区两种。自 2015 年投入运营以来，M－City 即吸引了全世界各地从业者的目光，已与各主机厂、科研院所、零部件供应商等建立了广泛的合作关系。

Castle：Castle 无人驾驶测试基地位于加州，始建于 2014 年，为谷歌所有，总面积 91.5 英亩[②]，谷歌在该基地可对其研发的无人驾驶车辆进行简单测试。谷歌在租借该基地后规划并建设了多种测试道路，比如城区道路和郊区道路等，并架设了交通信号灯、交通标识等设施。另外，谷歌还会在该基地培训无人驾驶司机。

ACM：美国移动出行中心（American Centre for Mobility）是美国交通运输部指定的自动驾驶试点试验场之一。该试验场位于密歇根州伊普斯兰提，占地面积 335 英亩[③]，由密歇根大学主导建设。ACM 是 M－City 的“升级版”，拥有更加丰富的智能网联汽车测试试验环境。ACM 规划有高速公路、高架道路、曲线隧道、多车道交叉路口等高逼真测试场景。ACM 成为全美首个进行智能网联和自动驾驶汽车研究、测试、产品开发、提供安全验证及认证的机构。

GoMentum：与 ACM 一样，GoMentum 也是美国交通运输部指定的自动驾驶试点试验场之一。GoMentum 本是一座废弃的海军基地，占地高达 2100 英亩[④]，位于加州旧金山市以北 40 英里[⑤]。GoMentum 由康特拉科斯塔郡交通管理局和行业合作伙伴共同出资建设，是规划中的全美最大的自动驾驶汽车技术测试场。目前，GoMentum 内已经铺好公路、街道、立交桥、隧

① 约为 0.13 平方千米。
② 约为 0.37 平方千米。
③ 约为 1.36 平方千米。
④ 约为 8.50 平方千米。
⑤ 约为 64.37 千米。

道、铁路等模拟基础设施，吸引了多家企业入场进行无人车测试。

3.1.2　欧洲

（1）政策法规

欧盟一直非常重视智能网联汽车产业，已发布了《ITS 发展行动计划》等纲领性文件，协调各成员国部署智能网联汽车产业。2016 年，欧盟委员会通过欧盟合作智能交通系统战略，提出促进整个欧洲范围内投资和监管框架的融合，以促进合作智能交通系统服务能在 2019 年实现部署，成为欧洲自动化驾驶发展的里程碑。2018 年发布的《通往自动化出行之路：欧盟未来出行战略》提出，到 2030 年普及完全自动驾驶。

目前，欧盟委员会已开始制定保障安全通信和数据互通的法规，以及自动驾驶汽车的人工智能开发相关伦理指引等，并为所需基建提供资金援助。

法规方面，2019 年 4 月，欧盟批准《自动驾驶汽车认证豁免程序指南》，协调国家对自动驾驶车辆的临时安全评估，该指南重点关注 L3 级别和 L4 级别自动驾驶汽车。2020 年 2 月，欧盟数据保护委员会 EDPB 公开发布《关于在网联车辆和出行相关应用程序中处理个人数据的指南》征求意见，强化数据保护。

综合来看，欧洲以智能交通系统为抓手推动智能网联汽车产业发展，并切实关注信息安全、车辆上路豁免等实际问题。另外，欧洲主要国家也从国家层面加速自动驾驶布局。

2017 年 5 月，德国通过了《自动驾驶汽车法案》，该法案允许汽车自动驾驶系统在特定条件下代替驾驶员驾驶汽车。这是德国第一次针对自动驾驶汽车制定法律，按照这套法律，如果是因系统造成事故，车厂须承担责任。此外，该法案也限制了自动驾驶的范畴，规定车上一定要有驾驶座，而且一定要有驾驶员，方向盘、油门和刹车等控制配置也都必须保留，以确保自动驾驶系统出现故障时，驾驶员能及时介入做人工驾驶。

2017 年 6 月德国《道路交通法修正案》正式生效，该法案允许在有人类驾驶员监控的情形下使用自动驾驶汽车，明确了车辆需要安装类似黑匣子的数据记录仪。

2017 年 6 月，德国联邦运输和数字基础设施部下属伦理委员会发布了

《自动化和网联化车辆交通伦理准则》，该准则立足数字化革命和系统自主学习的时代背景，强调在自动驾驶中的人机交互所引发的新的道德问题。这是全球第一部针对自动驾驶的伦理指南，为相关法律法规的制定和完善提供了一定的伦理基础与道德依据。

2017 年 8 月，英国政府发布了《智能网联汽车网络安全关键原则》，提出包括顶层设计、风险管理与评估、产品售后服务与应急响应机制、整体安全性要求、系统设计、软件安全管理、数据安全、弹性设计在内的 8 个关键原则，将网络安全责任拓展到供应链上的每个主体，并强调在汽车全生命周期内考虑网络安全问题。

2018 年 7 月，英国通过了《电动与自动汽车法案》，该法案确立了自动驾驶汽车发生事故的保险和责任规则。根据法案规定，自动驾驶汽车在“自我驾驶”状态下发生事故，根据车辆是否投保，分别由保险公司和车主对事故造成的损失承担赔偿责任。同时，法案还规定了保险人和车主的责任减免条款和追偿制度。

（2）标准制定

欧洲的智能网联汽车依据的是联合国欧洲经济委员会所属的 WP. 29（联合国世界车辆法规协调论坛）所订立的标准，因为欧洲对人的安全、车辆的安全极为重视，所以目前相关法规主要还是针对自动车道保持、转向系统控制方面，而没有出台很多的法规。2020 年 6 月，欧洲新出台三个自动驾驶及智能网联汽车标准，包括自动车道保持、在线升级及网络安全。总体上看，欧洲倾向于更慎重，会在优先保证安全的情况下推进法规的制定。目前，欧洲在自动驾驶的自动车道保持、转向系统控制方面，车辆时速限定在 60 千米以下。

（3）测试示范

瑞典 AstaZero 是欧洲现有最大的智能车测试场。其测试内容较全面，包括车辆动力学测试、驾驶员行为测试、V2V/V2I 功能测试、功能可靠性测试、通信技术测试等。最大优势是综合能力强，具备完整的测试功能，针对 ADAS 的场景模拟测试具有显著优势，分为 5 个区域，即多车道公路区域、高速道路区域、城市区域、乡村道路和主试验中心。

英国 Mira City Circuit 试验场由英国著名汽车测试服务商 Mira 公司修建，

该试验场面积大、综合性高，是独立试车场，坐落于英国腹地米德兰，占地约304公顷（约3.04平方千米），共有24条环路，全长超过95千米。[①] 该试验场分为9个区域，可分别用于传统车辆测试以及智能交通和网联车辆的测试，提供了一个完全可重复、安全的现实版试验室环境。Mira City Circuit试验场的最大特色在于其在网联汽车测试方面提供的基础设施与服务，它在跟踪定位以及监控方面也处于领先地位。

为了让欧洲更多的区域开展自动驾驶测试，积累更多的数据，欧盟已开始放宽规定，大力推进无人驾驶路测。目前，许多欧洲城市和交通部门都在测试自动驾驶巴士，而世界上专注于此的创新公司如Navya、Easymile也以欧洲居多，欧洲有望率先实现自动驾驶在特殊场景下的商业化落地。

3.1.3 日本

（1）政策法规

日本政府在2013年推进的复兴计划里启动了自动驾驶相关项目，并在"自动驾驶系统研发计划"中提出，到2030年实现完全自动驾驶汽车的目标。日本政府计划2020年在限定地区解禁无人驾驶的自动驾驶汽车，到2025年在日本国内形成完全自动驾驶汽车市场。

日本注重自动驾驶与智能交通、智能社会的协同。2016年，日本首次提出Society 5.0，将人工智能、物联网、大数据等革新技术与现实社会相连，作为实现Society 5.0的技术平台。Society 5.0的特点是最大限度地应用信息化技术，通过信息空间与物理空间的融合，在经济发展与解决社会问题之间取得平衡，最终构建一个多元、富裕、充满活力的"超智能社会"。Society 5.0与自动驾驶汽车的发展紧密结合，一方面，Society 5.0便于构筑信息物理系统，推动数字化转型，有利于自动驾驶汽车的产业落地；另一方面，自动驾驶汽车收集的信息具有巨大的潜在价值，有助于Society 5.0的实现。

在建设Society 5.0的过程中，日本政府部署了SLP－adus，以构建世界上最安全的交通体系并服务社会为目的，采取官民合作的方式来推进基础技术研究，目前已经进入SLP－adus 2.0阶段。其中SLP－adus的一项重要研究内容和成果

① 见《智能网联汽车试验场发展现状与建设建议》。

是“官民 ITS 构想及路线图”，自发布起持续逐年更新，最新的 2019 年路线图将 2025 年作为实现自动驾驶应用的关键节点，规划到 2025 年，私家车、卡车运输实现高速公路 L4 级别自动驾驶，日本全国范围内实现无人驾驶出行。

为推动自动驾驶发展，实现在东京奥运会和残奥会期间高速公路上的自动驾驶、在人口稀少地区开启无人驾驶车辆运送服务等目标，日本加快完善法律法规的步伐。2016 年 5 月，日本警察厅颁布了《自动驾驶汽车道路测试指南》，明确驾驶员应当坐在驾驶位上，测试车辆和驾驶员均应符合并遵守现行法律法规。在 2017 年 2 月，对《道路交通法》进行修订，允许在特定区域内的公开道路使用智能网联汽车，并由日本警察厅负责相关许可工作。2017 年 6 月，日本警察厅颁布了《远程自动驾驶系统道路测试许可处理基准》，将远程监控员定位为远程存在、承担现行道路交通法规上规定义务和责任的驾驶人。2018 年 9 月，日本国土交通省针对 L3 级别、L4 级别自动驾驶系统的乘用车、卡车及巴士发布《自动驾驶汽车安全技术指南》，列出了 10 项智能网联汽车安全条件。

2019 年 3 月通过了《道路运输车辆法》修正案，要求在安保标准对象装置中追加“自动运行装置”，各个自动运行装置的使用条件由国土交通大臣设定，其中包括记录车辆运行状态的装置。2019 年 5 月，日本审议通过了《道路交通法》修正案，自 2020 年 4 月 1 日起实施，对 L3 级别的自动驾驶作出规定：如果驾驶员能够快速恢复手动驾驶，可在自动驾驶过程中使用手机或观看车载电视等。

（2）标准制定

在国际合作方面，日本参加了 WP. 29。其在“自动驾驶分会”与英国联合担任议长，2017 年 3 月通过了《网络安全指针》，2018 年 6 月通过了《指针补充事项要件》。在“自动操舵专家会议”日本和德国共同担任议长，2017 年 3 月通过了《自动行走同一车道时自动方向盘的操作标准》，并于当年 10 月引入日本国内，2018 年 3 月通过了《车道变更时自动方向盘的操作标准》。在“自动刹车专家会议”日本和欧盟共同担任议长，2017 年 11 月开始讨论汽车自动刹车的国际标准。

（3）测试示范

2016 年 2 月 12 日，日本经济产业省制造产业局汽车课正式公布“无人驾驶评价据点整备项目”并征集承接单位，最终该项目落户茨城县筑波市的日本机动车研究所（JARI），2016 年开始建设。

整备项目对日本国内外企业、科研院校实行资金补助，资助其进行相应的无人驾驶安全测试模拟设施建造，实现以下主要目的：积极参与国际相关自动驾驶规则与标准的制定；加速具有节能效果的自动驾驶技术研发；降低交通运输过程中二氧化碳的排放量。整备项目要求中标单位建设 3 块测试区域以进行不同项目的测试，分别是恶劣环境测试区域、城市道路测试区域和多功能测试区域。JARI 共有 9 条车辆测试道路，全部位于 302 公顷的城市测试中心内。企业、研究机构均可付费使用所需的道路进行测试。

3.1.4 其他国家

奥地利发布了《自动化出行计划（2019—2022）》，作为上一期计划的延伸，该计划旨在使奥地利在自动驾驶领域处于领先地位，成为与汽车工业和研究领域紧密合作的自动驾驶研究、开发和生产基地。

瑞典于 2015 年启动为期 12 年的 Drive Swed 计划，作为瑞典 17 个战略创新计划之一，该计划致力于打造智能化、网联化、共享化交通系统，目标是到 2024 年多数新车具备网联化条件，2025 年实现自动驾驶公交应用，2026 年全国建立 Mas（移动代理服务器）服务并在 2028 年普及。

英国近年来持续强化对智能网联汽车领域的支持，2019 年 2 月发布了《实践准则：自动驾驶汽车的试验》，2019 年 3 月发布了《移动未来：城市战略》《城镇交通未来》等战略规划。①

韩国于 2019 年 10 月发布了《韩国自动驾驶战略规划》，计划 8 年后将韩国打造成全球第一个自动驾驶国家，2024 年制定出适应 L4 级别自动驾驶的法规，2027 年实现自动驾驶汽车在高速公路等全韩国主要公路上的商用行驶。为支持该计划的落实，韩国设立未来汽车政策指挥中心、调度中心和“未来汽车战略会议”组织，同时为促进整车零部件等产业相互融合，在民间成立了未来汽车产业联盟，计划在 2024 年完成全国主要道路自动驾驶所需的通信

---

① 见《中国智能网联汽车产业发展报告（2020）》。

设施、高精度地图、交通管制、道路建筑的基础设施建设。①

新加坡提出建设智慧国家，将交通运输作为智慧国家的重要落脚点，为在有限的空间内打造更加高效、安全、可靠的强化运输体系，开展无人驾驶汽车、公共交通非接触收费、定制穿梭校车、城市交通开放数据、自动驾驶标准研究等工作。通过完善政策环境和基础设施，有力地吸引了全球自动驾驶技术企业聚集、研发和测试，现代汽车就已经将“现代移动出行全球创新中心”落地新加坡。新加坡的具体措施包括以下内容：完善法律，于 2017 年通过了《道路交通法》修正案；允许自动驾驶汽车在公共道路测试；赋予陆路运输管理局（LTA）广泛的自由裁量权。2019 年，新加坡发布世界上第一部关于高级别自动驾驶汽车应用的国家准则——“技术参考 68”（TR68）准则，为自动驾驶汽车生产企业和技术开发商提供了指导规范。此外，为实现在 2030 年部署自动驾驶的目标，新加坡于 2019 年将自动驾驶测试道路范围扩大至 1000 千米。另外，新加坡创新性地推出了“监管沙盒”（Regulatory Sandbox）机制，以营造灵活的智能网联汽车和智慧交通产业监管环境让企业进行试验。

澳大利亚不断完善法规，开展大量的 FOT（Field Operational Tests，现场操作试验）项目。2017 年 11 月，澳大利亚交通委员会发布《国家自动驾驶汽车实施指南》，旨在说明《澳大利亚道路规则 297》中“适当控制”对具有自动驾驶功能汽车的应用要求。同时，还确认了当汽车处于有条件自动驾驶状态时，驾驶员有遵守道路交通法规的责任。自动驾驶测试方面，2015 年，澳大利亚启动自动驾驶汽车道路测试；2017 年 5 月，澳大利亚交通委员会发布《澳大利亚自动驾驶汽车路测指南》；针对《道路安全法》对自动驾驶的限制，于 2018 年 9 月颁布了《2018 年道路安全（自动驾驶车辆）条例》并不断修订，该条例对自动驾驶许可申请、授权、安全管理等作出规定。同时，维多利亚州、新南威尔士州、南澳大利亚州等地区也都制定相关的测试法规。此外，围绕智能网联汽车、智能交通系统和智慧出行服务，澳大利亚开展了大量的技术研究、测试验证、示范应用项目，有力地推动了智能网联汽车的发展。②

① 见《中国智能网联汽车产业发展报告（2020）》。

② 见《中国智能网联汽车产业发展报告（2020）》。

3.2　国内部分地区通过智能网联汽车测试示范推动产业不断走向成熟

国内部分先进地区主要从智能网联汽车的测试示范方面开展工作，推动智能网联汽车产业发展。

3.2.1　上海

中华人民共和国工业和信息化部（简称工信部）在2015年6月批准上海国际汽车城承担建设国内第一个智能网联汽车试点示范区，2016年6月7日上海试点示范区封闭测试区在上海安亭建成并对外开放。根据产业技术进步的需求，示范区将分四个阶段建设，形成系统性评价体系和综合型示范平台。作为国内首个智能网联汽车试点示范区，上海国际汽车城学习国际先进经验，建设了V2X应用场景的封闭测试区（F－Zone），提供车辆进入开放道路前的各种安全性测试和标准规范制定等服务。整个示范区道路实现了北斗系统的厘米级定位和Wi－Fi的全覆盖，建成隧道、林荫道、丁字路口、圆形环岛等模拟交通场景。测试区搭建了200余个测试场景，围绕智能网联汽车道路测试，搭建了限速信息识别及响应、跟车行驶、靠路边停车、并道行驶、超车和网联通信等17个测试项目共计62个逻辑测试场景，累计为上汽、宝马等超过50家企业提供近530天次的测试服务。

2019年8月23日，上海临港智能网联汽车综合测试示范区（简称临港测试示范区）正式开园，截至2019年年底，临港测试示范区一期已建成并试运行，包括26.1千米开放测试道路、3平方千米封闭测试区及数据中心，并实现了区域内4G、5G网络全覆盖，初步构建了车路协同智能交通系统环境。与目前国内已投用测试区相比，临港测试示范区具有道路条件更好、区域范围更大、场景更科学丰富、网联功能更强、提升空间更大、覆盖产品更全、测试环境更真、技术支撑更强等特点。同时，依托临港得天独厚的区位优势，临港测试示范区可为智能网联商用车、工程车、乘用车等提供城市、郊区、高速公路和港口码头等真实商业模式下的测试和示范运行条件，为智能交通相关产业链的培育提供有利环境。临港测试示范区是首批获交通运输部、工信部认证的智能网联汽车无人驾驶封闭场地测试基地之一，对区域产业发展起到了积极的引领作用。

3.2.2 广州

2018 年 3 月 30 日，在工信部和广东省政府的支持和指导下，广州正式启动基于宽带移动互联网的智能网联汽车与智慧交通应用示范区建设。2019 年 6 月 20 日，广州市智能网联汽车示范区运营中心成立，并同步发布了广州首批开放测试道路路段与道路定级。

黄埔区在 2019 年 7 月 14 日开始启动“全国首个自动驾驶综合应用示范岛”建设。按照当时的规划，黄埔区、广州开发区将推出 200 台以上自动驾驶出租应用示范服务和 10 条以上自动驾驶公交应用示范线路服务。南沙国家级自动驾驶及智慧交通示范区于 2020 年 4 月启动 12 亿元招标流程，在半开放环境建设智能化道路基础设施、布设 10 千米车路协同关键装备，部署车路协同关键设备 50 个以上。同时，积极推进车联网云平台等申请工作。2021 年 1 月 26 日，海珠区第一批智能网联汽车测试道路启用。这条全长约 11 千米的二级测试道路，是广州在中心城区开放的首条测试道路，可以支持企业在更广泛和复杂的道路环境中开展测试。

3.2.3 武汉

2019 年 9 月 22 日上午，国家智能网联汽车（武汉）测试示范区（简称武汉示范区）正式揭牌。武汉示范区位于武汉开发区智慧生态城园区，规划总面积达 90 平方千米，规划开放测试道路达 159 千米，覆盖居住区、商业区、物流区、旅游风景区和工业区，建成后将成为国内规模最大、场景和道路类型最丰富的综合型示范区。经过两期建设，2021 年武汉示范区已建设 106 千米基于开放标准的智能道路并投入运营，以及 5G 通信网、高精地图、北斗高精度定位网、高精度城市三维空间模型等相关的智能基础设施。武汉示范区采用国内首张 SA（独立）组网的大规模 5G 商用网，实现 C－V2X多场景的测试验证，率先实现自动驾驶应用的商业化落地，建立了人、车、路、网、云的智慧交通管理体系，通过应用驱动城市基础设施建设，形成智能网联的全新生态体系。

武汉示范区还开发完成了统一的城市操作系统平台，管理全域智能基础设施，以及数据接入、汇聚和融合；支持实现了一系列规模化、可持续运营的智能网联汽车应用，包括全域智能公交、龙灵山自动驾驶主题景区、江汉大学校园末端无人物流、全市1万辆社会车辆参与的车路协同应用等。此外，也建立了包括智能网联汽车仿真测试、封闭测试场测试、开放道路测试在内的完整的智能网联汽车研发测试体系。经过这些建设实践，武汉初步形成了以车路协同为特色的车城融合发展新体系。

3.2.4　长沙

2016年，测试区正式启动建设，总投资约18.96亿元，占地面积约82公顷，位于岳麓高新区湖南省检验检测特色产业园内。2018年6月，国家智能网联汽车（长沙）测试区正式开园，分为管理研发与调试区、越野道路测试区、高速公路测试区、乡村道路测试区、城市道路测试区5个主要功能分区，设置了78个常规智能系统测试场景和228个智能网联测试场景，拥有测试道路8条，测试区内测试道路里程达12千米，其中3.6千米的双向高速测试环境、无人机测试跑道、越野测试环境相结合的多元化场景在国内独具特色，同时，测试区还实现了园区5G信号全覆盖。

截至2020年年底，国家智能网联汽车（长沙）测试区已累计开展了超过3000场测试，与48家来自不同领域的测试单位展开了合作，较好地支撑了各类企业及高校科研院所的科技创新活动。支持长沙共计发放三个批次55张自动驾驶车辆开放道路测试牌照，涵盖智慧公交车、智能驾驶乘用车、智能驾驶环卫作业车、自动驾驶重型卡车4种类型的车辆；建成了全国首个7×24小时自动驾驶无人化测试场，发放了全国第二批无驾驶人开放道路测试牌照。截至2021年6月，长沙开放道路测试里程累计超过70万千米，发牌总数和开放道路测试里程均位居全国前三。

3.2.5　无锡

国家智能交通综合测试基地（无锡）于2019年1月开放通锡高速公路S19无锡段作为封闭高速测试环境。分为公路测试区、多功能测试区、城市街区、环道测试区和高速测试区等。测试基地内提供封闭的实际道路和模拟测试环境，依据多种类型道路、障碍物、交通信号、交通标志、气象条件等因素构成150余个实际道路测试场景。

全国规模最大的双向170千米的智能网联汽车开放测试道路群在无锡多区同步启用，实现开放测试道路与国家智能交通综合测试基地的无缝衔接。与以往在封闭路段进行的相关测试不同，无锡智能网联汽车开放测试道路创新性地打造了智能网联汽车典型道路测试、车路协同典型应用测试、专用作业车辆测试、基于车联网的ADAS测试、新型智能路侧设施测试5大特色测试区域，提供自动驾驶测试、车路协同测试、通信测试、终端测试等全方位服务，进一步推动智能网联汽车大规模应用。

3.2.6 深圳

2019年3月8日，“深圳智能网联交通测试示范区”在深圳坪山举行启用仪式，该测试示范区支持单车自动驾驶的标准、法规及研发测试，同时可满足网联式自动驾驶的应用测试与验证。该测试示范区位于深圳坪山金联路附近，道路总长2.6千米，主要为城区道路，由六车道城市次干路和两车道城市支路构成，包含典型的城市道路要素（如环岛、十字路口、停车场等识别及响应）。测试示范区可进行《智能网联汽车道路测试管理规范（试行）》规定的测试项目，如交通标志和标线的识别及响应、交通信号灯的识别及响应、前方车辆（含对向车辆）行驶状态的识别及响应、障碍物识别及响应、行人和非机动车的识别及响应、靠路边停车、超车以及并道行驶等14项基本测试项目。

2018年10月，深圳市交通运输局发布了首批智能网联汽车道路测试开放道路目录，道路里程合计约124千米，覆盖福田、南山、盐田、宝安、光明、龙华、龙岗、坪山、大鹏9个区域，并于2020年9月公布了全市智能网联汽车道路测试第二批开放道路目录，共29条，道路里程合计约20.69千米。

3.3 对北京的启示

通过总结梳理发达国家和地区以及国内先进地区发展智能网联汽车的经

验做法，可以明显感到北京在智能网联汽车方面面临的形势是紧迫的，挑战是严峻的，竞争是激烈的，至少应该在以下方面主动发力。

3.3.1 加强顶层设计规划，进一步完善政策

以智能网联汽车政策先行区的设立为契机，加强顶层设计规划，开展针对新产品、新技术、新模式的创新性监管，加快建设智能化物理基础设施，同时加快构建创新型管理政策体系。围绕智能网联汽车的全生命周期，从生产准入、质量管控、注册登记、地图测绘、安全监管、责任认定、信息安全、隐私保护、金融保险等角度全面分析现有政策法规、标准体系、行业规范等对智能网联汽车大规模应用的限制。在保障安全的前提下，在政策先行区内快速灵活地对政策法规进行创新、修订，适应技术和产业发展需求，营造良好的创新氛围，促进产业的创新发展。

3.3.2 扩大应用示范，实现城市级大规模示范应用

结合高级别自动驾驶示范区建设等契机，加快推进智能网联汽车、智能交通系统和智慧城市规划建设的示范应用，构建覆盖从仿真测试、道路测试、特定场景示范到城市级大规模综合应用的多层次立体式示范体系。探索智能网联汽车在接驳公交、物流、环卫清扫等特定行业，在夜晚以及人流车流较少的时段，在五环外以及园区、景区、机场、火车站、停车场等相对封闭的特定区域的商业化应用。加快推动自动驾驶集装箱卡车、高架道路无人清扫车、停车场自主泊车等示范项目落地。通过示范应用，加速 V2X 网络、路测基础设施的部署，丰富车联网应用场景，形成可复制可推广的经验做法，推动构建开放融合、创新发展的产业生态。

3.3.3 探索商业模式，培育多类型创新市场主体

推动在车载无线网络、智能化基础设施、示范区、五大基础平台等领域培育创新型市场主体。发挥市场的作用，探索培育各类新型业态的商业模式，通过数据增值、基础设施共享共建、出行服务、金融保险、技术供给等各类创新性应用与业务模式，打通智能网联汽车、智能交通系统的业务逻辑，形成各类市场主体互融共生、分工合作、利益共享的新型产业生态体系，实现

产业高质量、可持续发展。

3.3.4 完善协同发展机制，加强国际国内合作

加快部门之间的协同配合，着力解决智能网联汽车高速公路测试、自动驾驶地图的应用、网络基础设施建设和道路的智能化改造等关键问题，促进车路协同发展和数据互联互通。深化国际国内的交流合作，健全在政府、企业、机构多层次、多领域的国际国内交流与合作机制，探索开展跨国跨地区智能网联汽车道路测试示范项目，与国内外道路测试参与方一起就智能网联汽车道路测试相关的法规、标准、数据采集与存储、数据传输与网络安全、基础设施、通信方式及频段等方面开展合作，交流智能网联汽车的发展经验，推动智能网联汽车早日商业化。

4 发展北京智能网联汽车产业的重要意义

4.1 是落实首都功能、建设国际科技创新中心的应有之义

智能网联汽车作为一种新的移动终端，集中运用了传感、信息通信、人工智能及自动控制等技术，将环境感知、规划决策、多等级辅助驾驶等功能融为一体，是典型的高新技术综合体和跨产业融合创新载体，已成为全球的创新热点和未来的发展焦点。开展智能网联汽车产业研究，对于北京落实首都功能、建设国际科技创新中心、落好“十四五”首都发展“第一子”具有重要的现实意义。

第一，智能网联汽车已成为世界主要国家在科技创新领域的战略方向，北京作为全国科创高地，有责任、有义务争做全国智能网联汽车“排头兵”。国际科技创新中心建设是党中央赋予北京的重要战略任务。《北京市“十四五”时期高精尖产业发展规划》中明确提出，在全球创新版图重构以及我国加快构建双循环新发展格局的时代背景下，北京要切实肩负起国家赋予的使命和责任。智能网联汽车集聚众多前沿科技，是当下全球科技创新领域的必争之地，对于未来世界科技竞争局势有着重要影响。全球主要发达国家早已对智能网联汽车产业的发展作出了战略部署，较中国具有明显的先发优势，不过随着国内众多科技和产业巨头的入场和新势力造车悄然兴起，中国有望成为全球技术创新和模式创新的策源地，推动传统汽车向智能汽车变迁。当前是我国与其他西方国家争夺智能网联汽车战略主导地位、抢占新一轮科技

革命制高点的机遇期和关键期。值此关口，北京作为全国的科技创新高地，理应发挥高端引领、关键支撑、示范带动作用，发力智能网联汽车核心技术研发，加强关键共性技术、前沿引领技术、现代工程技术、颠覆性技术创新，带领中国抓住机遇、应对挑战，突破欧美先进技术封锁，实现汽车产业“换道超车”，抢占全球科技革命和产业技术变革战略制高点。

第二，智能网联汽车产业覆盖面广，能够加速全球创新资源向京集聚，在推进国际科技创新中心的建设过程中，北京有理由、有需求加紧谋划智能网联汽车产业发展。智能网联汽车是一种资金密集型、技术密集型的“未来产业”，涉及的产业十分广泛，该产业快速发展有望吸引大批高科技龙头及初创企业落户北京，推动各类研发优势资源要素加速集聚，在整合地区科技创新资源、畅通科技成果转化链条、激发区域创新创造活力等方面将发挥重要作用。作为当前全球科技创新的前沿领域，智能网联汽车有望在推动电动化、智能化、网联化的协同发展中扮演重要角色，成为北京构建国际科技创新中心的重要抓手。积极发展智能网联汽车产业，将有助于加速北京的创新创业生态成长，促进科技创新上下游联动，释放科技创新协同效应。同时，智能网联汽车是目前全球科技创新的重点、热点问题，智能网联汽车产业的发展对于大数据、人工智能、物联网等科技产业具有明显的带动作用，将对经济社会发展产生广泛而深远的影响。可以说，谁能在智能网联汽车领域先发制人，谁就有机会在新一轮科技革命中占据优势地位。因此，北京应当抓住机遇，提前谋划布局北京智能网联汽车产业的发展，进而擦亮北京科创名片，提升北京对全球科技创新的引领力和号召力。

第三，北京掌握了大量的优势科创资源，亟须将科创优势转化为产业优势，因此有条件、有实力推动智能网联汽车产业加速发展。近年来，北京在建设具有全球影响力的国际科技创新中心进程中取得了突出成效，集聚了大量的科技创新资源，形成了良好的科技创新氛围。《2020 中国硬科技①创新白

① 硬科技是指能够提升社会物质产品生产效率、创造社会全新价值的关键性技术，是通过大量的研发投入积累形成的知识密集型产业，依托核心专利技术积累、转化形成的硬产品或硬服务。当前硬科技的代表性领域有光电芯片、人工智能、航空航天、生物技术、信息技术、新材料、新能源等。硬科技在生产要素创新、产业结构转变、场景模式创造方面具有重要决定性作用和支撑性作用，是促进社会变革、推动人类跨入新时代的革命性技术。

皮书》显示，2020 年，北京硬科技指数为 84.04，遥遥领先于上海（50.48）、深圳（42.92）、广州（39.46）、西安（35.83）等城市，高居全国首位。当前，随着科技的进步和各类生产技术的日渐成熟，汽车生产环节的附加值不断下降，决策环节和后市场环节在价值链中的位势逐步提升；与此同时，地图、云端技术的成熟使得高精地图、智慧交通云平台等产品进入市场，相关产业链的市场占比亦逐步提高。这些环节均有显著的技术密集型特征，对科技创新的环境和能力提出较高要求，而北京恰恰在这些方面具有比较优势。对于北京而言，发展智能网联汽车产业，有利于盘活本地科创资源，将资源优势转化为产业优势，放大科技创新对社会发展的辐射带动作用。

4.2 是夯实制造业基础、实现产业结构优化升级的战略选择

智能网联汽车是汽车、信息通信、物流交通等行业深度融合的新型产业形态，具有“制造业 + 服务业”的融合性特征。构建智能网联汽车产业集群，对于北京优化经济结构、增强经济韧性、实现经济转型具有重要意义。

第一，发展智能网联汽车产业是北京汽车产业由大变强的关键。当前，全球宏观经济增速放缓叠加环保政策趋严，传统燃油汽车产业发展明显放缓，进入下行通道。在此严峻形势下，智能网联系统的装车率却稳步上升，为过去追求“动力、安全、舒适”的汽车产业带来了新的发展方向。汽车产品的电动化、智能化、网联化使北京汽车产业迎来转型升级、由大变强的战略机遇期。如能顺应智能网联汽车的发展趋势，从新的起跑点出发，北京汽车产业将有望借助国内“大循环”带来的发展机遇，实现本地汽车产业转型升级。

第二，发展智能网联汽车产业有望成为带动本地制造业提质增效、构建高精尖产业结构的重要抓手。《北京市“十四五”时期高精尖产业发展规划》中提出，北京将建设世界级的智能网联汽车科技创新策源地和产业孵化基地，把智能网联汽车等打造成为“北京智造”“北京服务”的新名片。智能网联汽车产业是一项知识密集型、科技密集型产业，涉及众多工业部门。一方面，

发展智能网联汽车产业能够促进车载芯片、激光雷达等高精尖制造业的发展，引导土地、资本、人才等要素向代表未来发展方向的高技术行业集聚，助力北京构建高精尖产业集群。另一方面，发展智能网联汽车产业能够促进先进制造业与现代服务业的深度融合，有效带动汽车等传统制造业加速转型升级。一直以来，汽车产业都是北京工业的重要支撑，约占全市工业总产值的1/5，以汽车产业转型升级为支点，将能撬动北京制造业高端化、智能化发展，驱动北京制造业发展向着产业价值“微笑曲线”的两端延伸。

第三，发展智能网联汽车产业将加速北京产业融合，促进北京经济高质量发展。智能网联汽车产业集群是汽车、电子、信息通信、交通运输、人工智能等多行业深度融合与创新发展的产业集群，除人们熟知的整车制造行业，智能网联汽车产业链中还包括激光雷达、毫米波雷达等在内的感知硬件研发制造，自动泊车、共享出行等在内的汽车运营服务等多个环节。无疑，发展智能网联汽车产业将带动其上下游的多个产业的发展。从这个意义上讲，智能网联汽车可被视为一项串联起多个相关产业的核心产业，有望成为驱动全市经济提质增效的重要动能。壮大智能网联汽车产业，对于增强北京经济整体活力、深化北京产业融合发展具有重要意义。

4.3 是提高城市运行效率、建设智慧城市标杆城市的关键举措

2021年3月，北京正式发布《北京市“十四五”时期智慧城市发展行动纲要》，提出到2025年建设成为全球新型智慧城市的标杆城市，其中“统筹城市感知体系”“深化体系交通领域整合”等已成为“十四五”时期北京推进智慧城市建设的重要内容。智能网联汽车的加速普及和发展，不仅有助于优化北京的交通运行，更有利于北京提升城市的整体运行效率，对于北京构建新型智慧城市具有重要意义。

智能网联汽车是实现智慧交通的重要载体，有助于缓解交通拥堵、减少交通事故。智能网联汽车产业是推动车端智能、路端智慧和出行革命的重要驱动力。在智能交通概念不断进化的今天，车联网与自动驾驶逐渐走进老百姓的日常出行，城市智能交通建设步伐持续加速。国家已将智能交通体系的

建设列为智能网联汽车发展的重要目标之一。2020 年国家发展改革委等 11 个部委联合印发的《智能汽车创新发展战略》指出，到 2025 年，中国标准智能汽车体系将基本形成，智能交通系统和智慧城市相关设施建设将取得积极进展。一方面，智能网联汽车依托无线技术、传感技术等，能够获取到车辆和路的实时信息，在车辆与车辆、车辆与基础设施之间进行信息交互和共享，实现车与路的智能协同决策和控制，提高路面资源使用效率，减少交通拥堵。另一方面，智能网联汽车拥有基于云端的决策能力，通过车路协同智能感知系统，可实现路面全量交通参与者的高精度感知，并实时反馈给自动驾驶汽车，补充车载感知系统无法探测到的区域，拓展车辆视野，最大限度减少事故损失，甚至能够预防事故的发生，提升车辆行驶的可靠性和安全性。可以说，发展智能网联汽车产业，壮大北京智能网联汽车产业，对于北京支撑国家交通强国战略，率先实现协同式智慧交通，进而提高城市交通运行效率和安全性具有重要意义。

智能网联汽车是构建智慧城市的重要一环，有助于提升城市整体运行效率。智慧城市是指利用各种信息技术或创新概念，将城市的系统和服务打通、集成，目的是让城市成为一个连续、高效、整合、开放的生态系统，营造流畅便捷的生活体验、高效的交通系统、有活力的商业环境、持久的产业发展动力，成为城市持续竞争力和创造力的源泉①。当前，智慧城市已经成为推进城镇化建设、提升城市治理水平、提高公共服务质量的战略选择。作为一种新型智能终端，智能网联汽车拥有较为完备的环境感知技术，能够利用传感器获取道路、车辆位置和障碍物信息，并将这些信息传输给车载控制中心，为城市管理决策提供信息支撑，是城市感知体系中的重要终端设备。从这一角度来说，智能网联汽车是实现城市精细化、智能化管理的重要节点，有着巨大的发展潜力。在这种形势下，北京发展智能网联汽车产业，一方面能够为各地智慧城市发展输出“北京智慧”，支撑全国智慧城市建设；另一方面能够加快北京城市生态聚合步伐，助力北京构建全球新型智慧城市标杆城市，推动城市治理向数字化、精准化、预见化跃迁。

① 艾瑞咨询《2019 年中国智慧城市发展报告》。

4.4 是增强生态底色、实现碳中和的有力推手

中美联合声明应对气候危机后，人们对于低碳化议题的讨论热情更加高涨。我国对于汽车产业碳中和愿景与技术路径已经有了明确的规划，其中汽车产业要提前至2028年达峰，2060年之前实现碳中和，而智能网联技术能够在单车减排、交通系统优化等方面作出较大的贡献，助力北京实现“双碳”目标。

智能网联汽车的发展能够推进新能源汽车的普及，降低单车能耗，进而助力北京早日实现碳中和的目标。汽车作为当下陆地运输最主要的交通工具，是实现节能减排的重要切入点，这也意味着新能源汽车产业的发展是实现碳中和目标的重要一环。传统燃油汽车为全球汽车碳排放量的主要来源，而新能源汽车的加速普及将大幅改善城市交通带来的碳排放现状。据测算，传统燃油汽车平均百公里排碳量（16.25kg/100km）约是新能源汽车的（7.93kg/100km）两倍，用车结构向新能源汽车倾斜能够大幅减少交通带来的碳排放量。[①] 新能源汽车是智能网联汽车的最佳载体和重要依托，新能源汽车智能化渗透率显著高于传统燃油汽车。壮大智能网联汽车产业，将能助力北京进一步提高新能源汽车的普及率，助力北京向碳中和目标迈进。同时，就汽车自身而言，智能网联技术的运用能够实现汽车控制算法的优化，通过信息辅助和算法改进减少停车、制换挡、频繁加减速的次数，并根据车速、加速和油耗的关系优化算法模型，降低单车油耗，减少车辆行驶过程中的碳排放。

同时，智能网联汽车的运用能够大幅提高交通运行、城市管理等方面的效率，进而使整个交通系统降低城市碳排放。汽车产业的减碳涉及产品技术低碳化、运行使用低碳化、制造过程低碳化等方面，其中智能网联是促进汽车运行使用低碳化上的重要一环。从交通运行来看，智能网联技术能够缩短行车间距，在行驶过程中由电脑进行道路资源调配控制，通过道路交通容量、交通信号灯来调度每一辆汽车，缓解交通拥堵，优化行车路线，提升整个交

---

① 据《新能源车为“碳中和”主旋律之一》，假设2020年全是新能源车将比现实情况CO_2排放量少1273.6万吨/百公里，2025年减排1312.0万吨/百公里。

通系统的运行效率，实现交通的节能降耗。从城市管理来看，智能网联汽车的普及作为构建智慧城市的重要一环，能够有力推进智慧楼宇、智慧园区等智慧城市场景的建设，进而实现城市更加智能、节能的总体目标。此外，智能网联技术的发展催生共享出租、智慧公交等新型出行方式，可以降低车辆的增长数量，进而减少公路磨损，同时也可以充分利用时空资源，减少修建停车基础设施或扩建道路的人力物力消耗，实现城市的低碳化发展。

4.5 是促进消费升级、提升居民生活品质的重要途径

当前，不断膨胀的智能网联汽车消费需求亟待满足。伴随着消费者对安全、便捷、环保需求的不断升级，智能网联汽车的市场需求正在迅速膨胀。工信部数据显示，2020 年，我国 L2 级别自动驾驶功能新车装载率超过 15%，半自动驾驶汽车销量超过 300 万辆，同比增长 107%；国家《新能源汽车产业发展规划（2021—2035 年）》提出，力争 2035 年高度自动驾驶汽车实现规模化应用。智能化、网联化改变了消费者对一款汽车产品的感知重心，促进本地智能网联汽车产业发展，无疑是回应消费者对于智能网联汽车旺盛需求的重要手段。

发展智能网联汽车产业是顺应汽车消费升级的必然要求。智能化重新定义了“汽车”这一产品，随着车联网的快速发展，汽车正在由简单的一种“代步工具”，逐渐进化成一个“智能终端”，一个主动式、个性化的“虚拟个人助手”。智能座舱系统将汽车从普通的乘坐出行工具打造成集出行、生活、娱乐等于一体的综合应用场景，与智能办公、智能家居、生活娱乐、智能社区通过云端深度融为一体，伴随着大数据、人工智能、云计算与智能网联汽车的交融碰撞，消费者将能够在汽车上完成娱乐、社交等多种需求，享受智能网联带来的便捷、安全、高效的全新体验。汽车之家数据显示，60.1% 的消费者认为智能座舱将极大提升其购车欲望，15.1% 的消费者认为智能座舱是未来汽车的必备配置，97.5% 的消费者考虑购买拥有智能驾驶系统的汽车，这些足以显示出消费者对于汽车智能化功能的旺盛需求。然而，目前自动缴费、自动泊车等高需求、高使用意愿的功能仍有待完善，制约了消费者购车需求的深度释放。如能构建高水平的智能网联汽车产业集群，并

在上述功能上有所突破，将有望进一步拉动北京汽车消费，助力北京构建国际消费中心城市。

发展智能网联汽车产业是赋能美好生活的有效途径。2020 世界智能网联汽车大会发布的《智能网联汽车技术路线图 2.0》中指出，我国智能网联汽车的发展愿景是要实现汽车强国伟大目标，使汽车社会朝着有益于文明进步、可持续轨道发展，以满足人民对美好生活无限向往的需要。目前，能够实现精准定位、自动规划路线的无人配送餐车、无人安防车、无人清扫车、Robotaxi（自动驾驶出租车）等新型应用场景相继落地，解决了传统配送、公共服务等领域存在的一些痛点，为日常生活带来更多可能。以送餐为例，在一些封闭的园区、校园，外卖员不允许进入，而在许多办公楼中高峰时期订单量大、电梯运量有限，餐食配送效率难以提升。无人配送餐车可以解决人员限制、自动上下电梯，完成“最后三公里、时效十分钟”的送餐。未来，智能网联汽车有望在更多应用场景落地，催生零售、餐饮、出行新模式新业态，为养老、托幼、医疗等公共服务带来新可能。例如，智能驾驶汽车能够方便老年人的定制化出行，并实现饭菜、药物等老年人急需产品的定制化高效配送，赋能未来的养老产业。

5 北京智能网联汽车产业发展的基础和优势

5.1 北京汽车产业发展历程与现状

从全国看，汽车产业发展经历创建时期（1949—1965 年）、成长时期（1966—1980 年）、全面发展时期（1981—1990 年）和大发展时期（1991 年至今）四个阶段。在创建时期（1949—1965 年），我国陆续建设了第一汽车制造厂[①]、南京汽车制造厂、上海汽车制造厂、北京汽车制造厂和济南汽车制造厂，标志着我国汽车产业初步形成，年生产能力达 6 万辆；进入成长时期（1966—1980 年）后，我国逐步建成第二汽车制造厂、四川汽车制造厂、陕西汽车制造厂等，汽车生产能力提高到 16 万辆/年；在全面发展时期（1981—1990 年），汽车老产品更新换代，轻型车取得大发展，特别是 20 世纪 80 年代起轿车生产开始起步[②]，并陆续与美国、德国等外国车企建立合资企业。1990 年中国汽车总产量达 50. 9 万辆，其中轿车 4. 2 万辆。进入大发展时期（1991 年至今）后，中国汽车产业加速发展，逐渐全面融入全球汽车产业

---

① 中华人民共和国成立前，全国各类汽车保有量不足 10 万辆，且国内汽车保有品牌全都源于外国。为打破这种局面，毛泽东同志远赴苏联展开洽谈，其间参观了斯大林汽车厂，毛泽东同志感叹，“我们也要有这样的大工厂”。中苏于 1950 年签订《中苏友好同盟互助条约》，决定由苏联专家为中国援建一个年产量可达 3 万辆的中型卡车汽车制造厂——第一汽车制造厂。

② 见《楼继伟谈产业政策：民营车企基本在产业政策的缝隙中成长起来》，国家明确提出轿车生产布局的“三大三小两微”战略，即国家支持一汽、东风、上汽三大轿车基地和北京吉普、天津夏利、广州标致的“三小”以及军工系统的长安（奥拓）和贵州云雀作为“两微”的基地建设。

体系①。从2009年起中国超过日本和美国成为世界第一汽车产销大国，2020年中国汽车销量达2531.1万辆、产量达2522.5万辆。

5.1.1 北京汽车产业发展历程

北京是中国汽车产业的发源地之一，可以说北京汽车产业的历史与中华人民共和国共生。整体上看，北京汽车产业发展经历了起步期（1949—1958年）、成长期（1959—1978年）、拓展期（1979—1999年）和成熟期（2000年至今）。

（1）起步期（1949—1958年）：北京由生产汽车附件向生产整车转变

在中华人民共和国成立初期，北京的汽车企业主要由原部队兵工厂（主要是零部件和修配厂）收编国民党汽配厂和民间私营铁工厂组成。1951年6月10日，中国人民解放军华北军区后勤部运输部奉军委命令，决定将1949年收编的原国民党409汽车修配厂和北京汽车修配厂合并移交军委原总后勤部运输总部直接领导，改名为“中国人民解放军第六汽车制配厂”（后更名为北京第一汽车附件厂），成为北京汽车制造厂的前身。第六汽车制配厂的产品主要用于国防建设，典型产品为1951年7月8日研制成功并生产了1500多辆的“井冈山”牌军用两轮、侧三轮重型机踏车。

“井冈山”汽车品牌的建立

1951年北京市工人阶级用自己的双手造出了中国机动车制造史上的第一

① 具体可分为五个阶段：第一阶段（1991—1995年），汽车产业深化改革，发展提速，产销跨入百万辆时代。其间一汽大众、上海大众和神龙富康等企业设立；第二阶段（1996—2000年），汽车产业加速开放，合资与自主全面勃兴。其间奇瑞、吉利等民营轿车企业设立，2000年汽车产量超过200万辆；第三阶段（2001—2005年），汽车产业扩大开放，全面融入全球汽车产业体系。其间与韩国现代、德国宝马、德国奔驰合资，大步走向海外市场，2005年汽车产量超过500万辆；第四阶段（2006—2010年），汽车产业高速增长，成为世界第一汽车制造与消费大国。其间乘用车飞速发展，2010年乘用车产销总量超过1300万辆，汽车产销总量超过1800万辆；第五阶段（2011年至今），汽车产业由中高速增长转为中低速增长的新常态，产品水平逐步提高，自主品牌产品快速增长。在传统产品发展的同时，新能源汽车、智能网联汽车也在迅速发展。

辆军用重型机器脚踏车。在庆功大会上，原总后勤部部长杨立三宣读了代总参谋长聂荣臻代表中央军委颁布的命名词，为了永远记忆井冈山的英勇斗争，将中国人民解放军第六汽车制配厂生产的军用重型机器脚踏车命名为“井冈山”。“井冈山”由此成为北京第一个汽车自有品牌。

资料来源：https：//www. sohu. com/a/84682737_ 386897。有改动。

1953 年 7 月 15 日第一汽车制造厂在吉林长春奠基，1955 年 10 月 1 日第一拖拉机制造厂在河南洛阳建厂奠基，北京成为这两家整车企业的配套设备供应基地。为此，1954 年 8 月，经国家第一机械工业部（简称一机部）批准，北京第一汽车附件厂正式成立（北京第一汽车附件厂的名字与长春第一汽车制造厂相对应）。1957 年，北京第一汽车附件厂竣工投产，先后完成了化油器、汽油泵、汽油滤清器、雨刮器等十几种汽车和拖拉机产品部件的试制和制造，为第一汽车制造厂和第一拖拉机厂提供附配件。在相当长的一段时间内，北京第一汽车附件厂一直是化油器、轴瓦等产品的理事长单位。

在 1956 年 4 月召开的中央政治局扩大会议上，毛泽东主席谈及即将投产的中国汽车，提到什么时候能坐上我们自己生产的轿车开会就好了。[①] 1958 年，北京市委决定在第一汽车附件厂内试制汽车整车。当时的附件厂还远不具备生产整车的能力，干部职工们动员各方力量，凭着强大的革命热情和志在必得的创业精神，仅用了近 3 个月的时间，即在 1958 年 6 月 20 日造出了第一辆“井冈山”牌小轿车，并于当天开进中南海接受党和国家领导人的检阅。

“井冈山”牌小轿车驶向中南海报喜

1958 年 6 月，北京第一汽车附件厂自己研发制造出“井冈山”牌小轿

① https：//www. sohu. com/a/344075340_ 683886。

车，标志着北京汽车工业开启了整车制造时代。“井冈山”牌小轿车开进中南海报喜时，毛主席称赞附件厂能够生产汽车，并向研究人员表示感谢。朱德同志还高兴地坐上汽车在中南海转了一圈。1958 年 6 月 20 日被镌刻在北京汽车产业发展的里程碑上，成为历代北汽人自豪的日子。

资料来源：https//baijiahao. baidu. com/s? id = 1736508984648184102&wfr = spider&for = pc。

（2）成长期（1959—1978 年）：北京汽车工业生产格局初步形成

1958 年，北京第一汽车附件厂改名为北京汽车制造厂。同年，“井冈山”牌小轿车开发出来后，当时的一机部和北京市委市政府给北京汽车制造厂下达任务，要求生产中高级轿车，制造 1959 年的国庆节检阅用车，“北京”牌轿车由此诞生。“北京”牌轿车的典型产品包括生产了 22 辆的 CB4 轿车与 154 辆的 BJ750 轿车等。1959 年，“北京”牌轿车正式注册商标，成为为数不多的以地名为商标名称的案例（《中华人民共和国商标法》规定不能以地名作为商标，后经过协商得以保留下来），“北京”牌也成为北京汽车产业最早的自主品牌商标。

“北京”牌小轿车的诞生

北京汽车制造厂参阅了国外多种车型资料，选中美国 1956 年生产的别克牌轿车为仿制样车。为支持“北京”牌轿车的研制，时任北京市委书记、市长的彭真同志将一辆别克轿车赠送给北京汽车制造厂（简称北汽）作为仿制样车。

“北京”牌轿车采用的许多先进技术是北汽的设计人员和工人师傅从来没有见过的。针对“北京”牌轿车的技术难题，全厂组织了 20 多个专项问题攻关突击队，逐项进行反复的试制和试验。1958 年 9 月 10 日，第一辆“北京”牌高级自动敞篷轿车样车试制成功。这辆车最高时速可达 180 千米，最大马力为 255 匹，是当时国产汽车中马力最大的。这辆车也是我国第一辆全自动无级变速汽车，驾驶不用换挡，它还是我国第一辆自动敞篷轿车，顶棚升降只需20多秒钟，前后门窗也可以自动升降。

资料来源：http：//www. chezhubidu. com/detail/details/1/317060。

1962年7月以后，“北京”牌轿车决定停止试制生产，所有技术资料归档保存，原因有三：一是长春第一汽车制造厂同期试制成功的“红旗”牌轿车已经选定为国庆节检阅用车，并纳入国家计划；二是1959年11月，一机部汽车局正式给北京汽车制造厂下达了研制开发“东方红”牌BJ760型中级轿车的任务；三是1961年经国家批准，解放军原总参谋部和一机部给北京汽车制造厂下达了试制军用轻型越野汽车的任务。

“东方红”牌轿车是北京汽车制造厂的第一个引进国外技术、采用正规图纸试制生产的全新车型，从样车试制、工艺设计、生产准备、工艺工装验证、协作配套到小批量试制、道路试验、产品鉴定，严格按照规范程序进行，使北汽掌握了整车开发的内在规律，提高了整体技术水平，积累了自主研发小轿车的宝贵经验。但在1966年年底，当时的北京市委书记谢富治以“不要资产阶级生活方式”为由，下令停止了“东方红”牌小轿车的生产。

1963—1966年，BJ210C和BJ212军用轻型越野车相继研发成功。1966年，经国务院军工产品定型委员会批复，将后续研发的“北京”牌BJ212确定为军用指挥车（具备越野能力和独立底盘，可以上战场前线），填补了军用指挥车的空白。在之后的国防建设和经济建设中BJ212发挥了重要作用，畅销长达50年，累积总销量超过100万辆，成为中国汽车工业历史上生命周期最长的产品，是今天北汽“越野世家”系列产品的根基。

1965年，为满足城市交通运输的实际需求（当时城市交通运输主要靠马车，有损城市风貌），北京市决定由北京第二汽车修理厂研制轻型载货车。随后，全国陆续有20多家汽车厂采用或参考BJ130的图纸进行生产，BJ130轻型载货车成为当时国内生产量最大、影响中国轻卡历史最久的车型。

北京在这一历史阶段的典型汽车产品还有由北京丰台汽车修理厂以天津TJ-620旅行车为样车生产的丰台630旅行车，即人们所熟知的“大面包”。1971年北京丰台汽车修理厂根据生产任务试制出了两台丰台630旅行车。1972年，北京丰台汽车修理厂正式进入北京汽车制造厂旗下的改装企业行列，成立北京旅行车股份有限公司，主要生产经营“北旅大面包”汽车，这款车成为当时老百姓追捧的热款。之后，北京丰台汽车修理厂还推出了能够承载 9～13 人的中型载客运输车，填补了国家在这一领域的空白。

至此，北京汽车制造厂已经形成“三款车两款发动机”的主要产品阵营，并拥有 1 万辆以上的年生产能力，在生产销售环节仅次于当时的长春一汽。BJ212、BJ130 以及“北旅大面包”汽车当时均被投入 1979 年对越自卫反击战的前线，作为指挥车、运输车及特种车辆，为国家作出了重大贡献。为了谋求北京汽车产业更大的发展，1973 年 7 月，当时的北京市委发出通知成立北京市汽车工业公司，北京汽车制造厂被划归北京汽车工业公司领导。3 年后，北京第二汽车修理厂几经更名于 1976 年成立北京第二汽车制造厂。至此，北京汽车产业走上了一条更为专业化、集中化的道路。

（3）拓展期（1979—1999 年）：北京汽车产业走上对外合作的道路

1979 年，汽车产业和许多其他行业一样相继与国外企业共谋发展，北京汽车制造厂成为国内迈出中外合资经营第一步的车企。经过艰难的谈判，北京汽车制造厂于 1983 年和美国汽车公司（AMC）组建了中国汽车工业史上的第一家合资企业——北京吉普汽车有限公司（BJC），未参加合资的部分仍为北京汽车制造厂。北京吉普汽车有限公司将美国汽车公司旗下的 XJ 系列车型（国内熟知的切诺基）引入国内生产，形成知名的“北京吉普”产品。到 20 世纪 90 年代，美国推出新款大切诺基，掀起了美国本土第一波 SUV① 风潮。2001 年，北京吉普将大切诺基 WJ 系列正式引入国内生产，并对这款车做出了多处符合国内消费者需求的改进，但由于过高的油耗及人们对 SUV 车型、SUV 文化的认识尚浅，这款产品很快消失在了市场中。

北京吉普投产一波三折

就在北京吉普刚刚投产后不久，我国经济形势便发生了重大变化，全国

① SUV（Sport Utility Vehicle 或 Suburban Utility Vehicle），是指运动型多用途汽车或城郊多用途汽车，是一种拥有旅行车般的空间机能，配以货卡车的越野能力的车型。

上下银根紧缩，对外汇的管理也格外严格。北京吉普汽车有限公司由于不能自主平衡外汇，预订的切诺基零件没有拿到进口许可证，美国汽车公司已经装箱的1000多辆切诺基零部件积压在港口不能装船，北京吉普崭新的生产线闲置，所有的切诺基零配件在港口动弹不得，几乎成了一堆废铁。美方一方面派代表来我国有关部门质问缘由，另一方面在美国召开新闻发布会，声称准备单方面实行“三停一撤”政策，即停止资本投入、停止技术转让、停止技术培训，撤走美国专家。最终，时任北京吉普汽车有限公司美方总经理圣皮尔先生给赵紫阳总理的一封信起了关键作用，顾忌到如果解散公司将对我国合资企业造成严重的不良影响，我国对北京吉普汽车有限公司放宽了政策。经过5天的谈判，北汽与美国汽车公司就装配切诺基数量达成了协议，双方约定在1990年前装配至少12500台切诺基。

资料来源：https//www. qcwp. com/news/217440。

北京汽车制造厂也借用切诺基的技术平台对“年事已高”的BJ212进行了100多项技术升级，于1988年推出了BJ2020系列车型，分为军用和民用两个版本。BJ2020一经推出便受到一致好评，销量一路看涨，后期又连续推出BJ212L、BJ2020N、BJ2020S、BJ2020V等车型，不断进行着技术革新，备受市场喜爱。1995年，BJ2020系列车型达到第一个销量高峰——6万余台。

除了北京汽车制造厂与外企展开合作，北京第二汽车制造厂和北京旅行车股份有限公司也引进了日本五十铃汽车公司的技术。考虑到卖了十几年的BJ130货车已经有些“过时”，一机部以技贸结合的方式购入了3万台五十铃N系列轻型卡车，它与BJ130属于同类型产品，不过技术更先进、外观内饰设计也更加漂亮。北京第二汽车制造厂套用了五十铃车型的发动机和驾驶室，其他部分自主生产，生产出BJ136轻型卡车。北京旅行车股份有限公司则于1994年引进五十铃汽车公司的技术开始生产北京五十铃载客面包车。

不仅与国外企业合作，北京与国内其他地区的企业也开展合作，成立了知名的福田汽车公司。1987年6月北京汽车制造厂与北京摩托车制造厂组建北京汽车摩托车联合制造公司（简称北汽摩公司）。1994年1月，山东诸城机动车辆厂成建制并入北汽摩公司，[①] 成立北汽摩公司诸城车辆厂，原山东诸城机动车辆厂生产的“鸣飞”牌农用车也更名为“北京”牌。北汽摩公司诸城车辆厂经过2年多的艰苦奋斗，成为当时农用车领域全国第一的企业，1995年上缴地方财政542万元，生产的农用车遍布整个农村市场。1996年年底，北汽摩公司诸城车辆厂正式更名为福田汽车公司。

（4）成熟期（2000年至今）：北京汽车产业逐步向自主创新的新阶段迈进

2001年，切诺基车型在美国停产，北京吉普虽然仍在坚持，却已无法挽回切诺基车型老旧、技术落后的局面。与此同时，诸如本田CR－V这样适合家用的SUV车型不断涌入我国市场，冲击着切诺基车型。北京吉普不断进行新的尝试，与日本三菱自动车株式会社进行合作在国内生产帕杰罗SPORT车型，这一车型在欧美市场上占据了很大的份额，但在国内的消费量较小。北京吉普也在过去的Outlander等车型的基础上进行修改，并试图在国内生产，仍然只是杯水车薪，很难改变现状。

在这一背景下，北京吉普开始着手进行改制重组。2002年6月6日，北京吉普汽车有限公司获得了政府对新合资经营合同的批准，成为我国进入WTO后的第一家延长合资合同的整车生产企业。2003年，北京吉普汽车有限公司与戴姆勒－克莱斯勒公司（前身即美国汽车公司AMC）签订新的合同，北京吉普汽车有限公司重组变更为北京奔驰－戴姆勒－克莱斯勒汽车有限公司（简称北京奔驰－戴克），总投资额增加至6亿美元，拥有年产8万台汽车的生产能力。重组之后的公司从之前生产北京吉普、三菱品牌的SUV及BJ2020等军用产品，扩展为生产梅赛德斯－奔驰与克莱斯勒品牌轿车及其他车型。但是2007年戴姆勒－克莱斯勒宣布解体，这不仅标志着全球汽车工业整合风潮的彻底失败，也为北京奔驰－戴克的发展蒙上了一层阴影。经过一系列改组，北京奔驰－戴克于2010年正式更名为北京奔驰。[②]

---

① 当时国内企业合作大多为联营，这种方式并不利于企业的发展，两家合作企业间无法相互制约、相互协作，有时候甚至还形成了竞争关系。山东诸城机动车辆厂与北汽摩公司决定大胆创新，从企业前途考虑，采用资产重组的方式进行合作，山东诸城机动车辆厂全部资产，包括500多人和560多万元均无偿并入北汽摩公司。

② 北京奔驰－戴克拆分为北京奔驰－戴姆勒与北京奔驰－克莱斯勒两家公司，中美双方各占有50%的股份。然而随着后期克莱斯勒在北美宣布破产重组后，北京奔驰－戴克只剩“戴姆勒”一家，因此北京奔驰－戴克也在2010年5月正式更名为北京奔驰。

除了北京奔驰，北京汽车产业出现的另一支新兴力量就是北京现代。2002 年 4 月，韩国现代汽车公司与北汽集团签署了战略合作协议。10 月，成立北京现代汽车股份有限公司（简称北京现代），总投资约 31 亿美元，中韩双方各占 50%，合同期限为 30 年。北京现代推出的索纳塔车型获得了国内消费者的好评。北京现代与北京奔驰的成立开启了北京批量生产轿车的历史新篇章。

北汽不断吸收国际汽车产业力量的脚步没有停下来，2009 年 12 月，北汽发表声明已成功以 2 亿美元收购同年申请破产重组的瑞典萨博汽车公司的相关知识产权。多年来与奔驰、现代等世界先进车企的合资经历，加之国际领先的萨博技术和管理体系，为北汽开启自主创新道路提供了大量可以借鉴的经验。2010 年 3 月，北汽研发团队推出首款自主品牌 BC301Z 轿车。BC301Z 颠覆了传统意义上的自主品牌轿车，树立了紧凑型轿车的新价值典范。

2009 年 1 月，科技部等四部委联合发布了“十城千辆”计划，[①] 全国汽车产业掀起了新能源汽车的研发投运浪潮。北京作为“十城千辆”计划首批试点城市之一，开启了新能源汽车自主技术创新时代。2009 年 11 月，北京新能源汽车有限公司（简称北汽新能源）成立。北汽新能源建有国际试验中心和全球首座功能完备、设施齐全的新能源汽车综合性生产车间，可以独立完成多种整车试验和生产。北汽新能源与华为技术有限公司开展技术合作，联合成立“1873 戴维森创新实验室”，共同开发面向下一代的智能网联电动汽车技术。经过多年的发展，北汽新能源入选中国 500 最具价值品牌榜单，2020 年位列第 172 名，成为唯一连续 3 年入榜的新能源汽车企业。

2012 年前后，北汽集团、百度等北京企业开始投入智能网联汽车的研发，推动北京汽车产业进入自主创新新纪元。

---

① “十城千辆”计划指通过提供财政补贴，计划用 3 年左右的时间，每年发展 10 个城市，每个城市推出 1000 辆新能源汽车开展示范运行，涉及这些大中城市的公交、出租、公务、市政、邮政等领域，力争使全国新能源汽车的运营规模到 2012 年占到汽车市场份额的 10%。北京是首批确定的试点城市之一。

5.1.2 北京汽车产业的发展现状

汽车产业是在许多相关产业门类基础上发展起来的以汽车制造业为主的综合性产业。2009—2020 年，北京规模以上汽车制造业总产值呈现先升后降的变化趋势（见图 5－1），2016 年达峰值 4771.6 亿元，之后下降至 2020 年的 4139.4 亿元。2020 年北京汽车制造业规模以上企业总数达 203 家（占全国的 1.3%），汽车产品产量达 166.0 万辆（占全国的 6.6%），其中轿车 65.3 万辆（占全国的 7.1%）。[①]

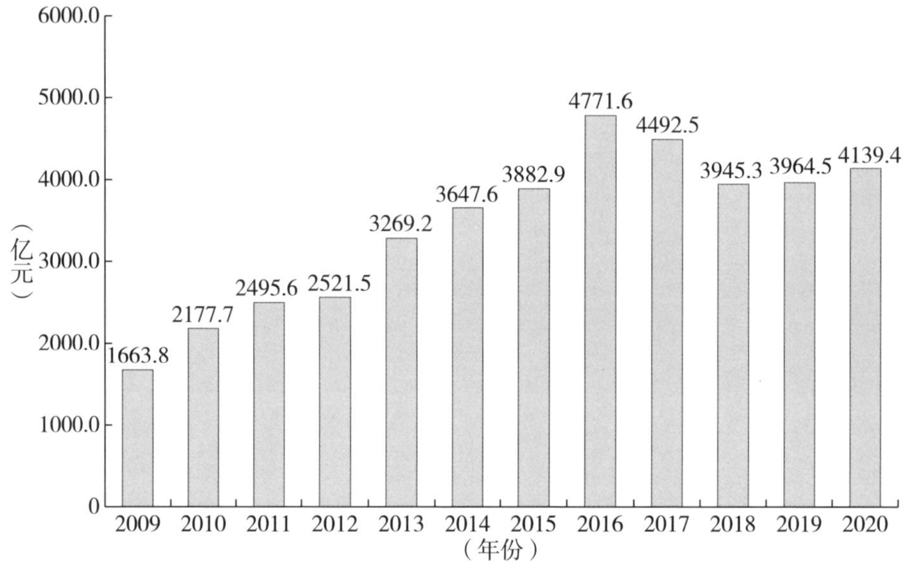

图 5－1 北京规模以上汽车制造业总产值

北京汽车产业相关企业中共有 10 家整车企业，包括北京汽车、北汽福田、北京现代等；45 家专用车企业，包括北京和田、北京中冀福庆、北京环达等；汽车零部件企业共 452 家，其中规模以上企业约 200 家，[②] 包括北京海纳川、北汽动力总成、北方中昌等（见表 5－1）。北京汽车产业从业人员总数约 15 万人。

---

① 见《北京统计年鉴》。

② 其中外资企业 71 家，合资企业 31 家。销售产值 10 亿元以上的企业 17 家，销售产值 1 亿元以上的企业 110 家。2020 年，全市规模以上汽车零部件企业实现工业总产值 790.22 亿元。

表5-1 北京主要汽车企业名录

主要整车企业	北京汽车股份有限公司（简称北京汽车）、北汽福田汽车股份有限公司（简称北汽福田）、北京现代汽车有限公司（简称北京现代）、北京宝沃汽车有限公司、北京奔驰汽车有限公司（简称北京奔驰）、北京长安汽车有限公司（简称北京长安）、北京北汽越野汽车有限公司等
主要专用车企业	北京和田汽车改装有限公司（简称北京和田）、北京中冀福庆专用车有限公司（简称北京中冀福庆）、北京市政中燕工程机械制造有限公司、北京环达汽车装配有限公司（简称北京环达）、北京华林特装车有限公司、北京中卓时代消防工程有限公司、北京北重汽车改装有限公司等
主要零部件企业	北京海纳川汽车部件股份有限公司（简称北京海纳川）、北京汽车动力总成有限公司（简称北汽动力总成）、北京福田康明斯发动机有限公司、振江国际展览（北京）有限公司、北京正和顺汽车部件有限公司、北京北方中昌汽车零部件有限公司（简称北方中昌）、北京梵驰汽车零部件有限公司、北京博源通达汽车零部件有限公司等

北京是我国汽车产品生产结构较为完整的城市之一。整车领域，产品覆盖乘用车和商用车，乘用车包括轿车（高、中、低端全覆盖）、MPV①、SUV等。商用车包括客车（微型、中型、大型全覆盖，以北汽福田为代表）、货车（从0.5吨型到几十吨型全覆盖）、半挂牵引车等。专用汽车和挂车品种涉及专用客厢车、专用货车、专用作业车、通用货车挂车、其他挂车、特种作业车及特种作业车底盘等类别。② 此外，部分企业生产目前不受公告准入管理的工矿企业专用汽车。零部件领域，生产产品包括发动机类、传动系、制动系、转向系、行走系、电器仪表系、灯具、内外饰、影音等。

北京汽车产业广泛布局在全市多区及外省份。从市内布局看（见图5-2），怀柔区主要分布北汽福田商用车产业群，密云区主要有北京宝沃（北汽福田是其大股东），顺义区分布有北京汽车产业研发基地、北京现代、北京奔驰

① MPV（Multi-Purpose Vehicle），多用途汽车，是从旅行轿车演变而来的，它集旅行车的宽大乘员空间、轿车的舒适性和厢式货车的功能于一身，一般为两厢式结构，可以坐7~8人。

② 《专用汽车和挂车生产企业及产品准入管理规则》附件。

等，通州区主要有北汽动力总成基地，房山区主要分布北京长安汽车产业群，大兴区分布有北京奔驰、北汽新能源、北京海纳川等。从外省份布局看，北京在自主品牌乘用车、自主品牌商用车、合资品牌乘用车和新能源整车等方面均有广泛布局。其中自主品牌乘用车整车基地包括河北、江西、江苏、广东等，自主品牌商用车整车基地包括山东、河北、湖南、广东等，合资品牌乘用车基地包括河北、重庆和福建，新能源整车基地包括云南、江苏和山东。

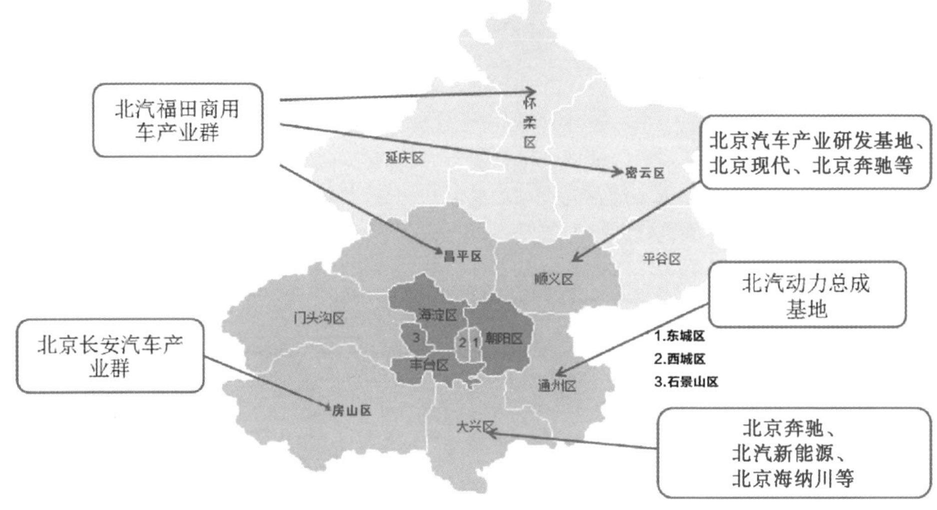

图 5－2 北京汽车产业市内布局

5.2 北京智能网联汽车产业发展的优势

北京智能网联汽车产业目前仍处于示范区测试阶段，尚未进入量产落地和规模运营阶段，但北京发展智能网联汽车产业的步伐已领跑全国，全市智能网联汽车及关联产业规模已超过 1000 亿元，高居“2020 年中国智能网联汽车产业投资潜力城市 100 强”（赛迪顾问汽车产业研究中心发布）、“世界智能网联汽车产业发展指数（顺义指数）2019”（中国电子信息产业发展研究院、工业和信息化部装备工业发展中心联合发布）等首位，表现出显著的发展优势，总结起来包括有广阔的市场需求、有完整的产业供给、有高密度创新要素、有丰富的应用场景、有强大的基建支撑、有全面的政策支持。

5.2.1　北京是全国智能网联汽车需求最大的市场

智能网联汽车具有广阔的市场需求前景。有调查显示，国内78%的消费者认为自动驾驶将是未来的驾车方式。[①] 2020年，即使在新冠肺炎疫情影响下，全国L2级别智能网联乘用车[②]销售量仍达303.2万辆，同比增长107%，市场渗透率[③]全年保持在15%左右。2021年全国智能网联汽车出货量达到了1370万辆，第一季度L2级别智能网联汽车的市场渗透持续增加达到17.8%。行业分析机构IDC预测，中国智能网联汽车2025年出货量将增至2490万台，L2级别、L3级别的智能网联汽车市场销量占比将达50%，L4级别以上智能网联汽车销量占比将达10%～20%，2021—2025年复合年均增长率约为16%。

北京是国内汽车市场容量最庞大的城市之一。从汽车保有量看，北京是排名全国第一的城市。截至2021年年底，北京汽车保有量约622.4万辆，占全国汽车保有总量（3.02亿辆）的2.1%。从汽车销售量看，北京是全国第二大汽车销售地。在2021年全国汽车销量排名前十的城市中，北京位居第二（58.5万辆），仅次于上海（73.7万辆）。全国领先的汽车保有量和销售量在一定程度上表明，北京将成为全国智能网联汽车需求量最大的地区。

5.2.2　北京智能网联汽车产业链完整、各环节优势企业多

前文已述，北京是我国汽车产品生产结构较为完整的城市之一，形成了包括整车、专用车和零部件等在内的完善的汽车生产体系。对于智能网联汽车，北京同样拥有完整的产业链，除线控底盘、测试软件和传感器等个别相关产品的自主控制力较弱外，在产业链上游（包括感知系统、决策系统、执

---

① https://zhuanlan.zhihu.com/p/363463904。

② 目前市场上量产销售的智能网联汽车主要为L2级别，L3级别量产车型在2020—2021年陆续推出，到2025年前后有望实现完全自动驾驶L5级别车型的量产投运。

③ 市场渗透率是对市场上当前需求和潜在需求的一种比较，是企业的实际销售量占市场潜在销售量的百分比。

行系统和通信系统等)、中游(包括智能驾驶舱、自动驾驶解决方案和整车组装等)和下游(包括出行服务、物流服务、运维服务和数据增值服务等)各环节均分布有领先全国的优势企业(见表5-2)。

表5-2 北京智能网联汽车产业链各环节重点企业

产业链上游	感知系统	摄像头:地平线科技、中科慧眼、双髻鲨、经纬恒润、鑫洋泉电子
		激光雷达:数字绿土、北科天绘、万集科技、一径科技、洛伦兹科技、北醒光子、探维科技、锐驰智光、经纬恒润
		毫米波雷达:凌波微步、行易道、木牛科技、川速微波、理工雷科
		高精度地图:百度、高德、四维图新、正元地理、天地图、航天星图、迪路科技、宽凳科技、深动科技
		高精度定位:羲朗科技、星网宇达、耐威科技、北斗星通、合众思壮、和芯星通、中国移动、六分科技、国网思极神往、超图软件、航天世景
	决策系统	计算平台:地平线机器人、百度、驭势科技
		操作系统:百度、智行者、小马智行
		芯片:中科寒武纪、地平线机器人、大唐电信、新岸线、清能华波、四维图新、兆易创新、北京君正
		算法:百度、中科寒武纪、驭势科技、初速度、深鉴科技、旷视科技
	执行系统	集成控制系统:百度、北汽、驭势科技、滴滴、小马智行、禾多科技
	通信系统	5G核心网络架构:大唐电信、新岸线
		智能网关:北京海纳川、经纬恒润、映翰通网络
		无线通信模块:金雅拓
		语音识别技术:云知声、普强信息、车音网、大众同问
产业链中游	智能驾驶舱	中科创达、可可家里、商汤科技、布谷鸟科技、四维智联
	自动驾驶解决方案	百度、滴滴、小马智行、蘑菇车联、初速度、轻舟智航、禾多科技、图森未来(自动驾驶货运卡车)、主线科技(自动驾驶货运卡车)、深动科技、商汤科技、驭势科技、四维图新、智行者

续 表

产业链中游	整车组装	乘用车：北汽、北京奔驰、北京现代、北京长安、北汽福田
		专用车①：智行者（环卫车）、驭势科技（物流车）、踏歌智行（矿用车）、易控智驾（矿用车）、卡特彼勒（矿用车，中国）、美团（物流车）、京东（物流车）、新石器慧通（物流车）、优时科技（售货车）
产业链下游	出行服务	滴滴、首汽集团、易到用车、神州租车、九五智驾、嘀嗒出行、飞驰镁物、凌动智行、宝驾租车
	物流服务	智行者、驭势科技、G7 物联、图森未来
	运维服务	小马智行、思维智联、大唐电信、新岸线、双髻鲨、开易科技、现代摩比斯、亿赛通、中科创达、驭势科技、禾多科技、佐智汽车、初速度、停简单、风丘科技、四维智联、赛目科技（仿真平台、实验室）
	数据增值服务	智驾出行、彩虹无线、联华思创、九五智驾、初速度、优必爱、钛牛科技、海川天地、众智先导、明道通科技、轩辕联科技、中交慧联、铂骏北京、一雄信息科技、微云车联、商车云、斯润天朗、博派通达科技、车道君安、高科数聚

在上游环节，大唐电信、新岸线等公司在车联网、5G 核心网络架构、5G CU/DU（集中单元/分布单元）架构设计等 5G 标准化领域处于国际领先水平，拥有信息通信相关自主知识产权、安全技术、芯片设计、软件平台、集成应用和一站式解决方案的产业优势。中科寒武纪、地平线机器人等公司拥有的 AI 芯片技术和面向智能驾驶的处理器技术全球领先，并成功流片，在中国率先发布成熟的芯片和解决方案。四维图新、高德、百度是我国较大的三家数字地图提供商，在高精度地图采集总里程、精度和实时路况的快速响应等方面全球领先。其中，百度是国内布局无人驾驶汽车最早的互联网企业，基于自身在 SD 地图（车机地图）、ADAS 地图（高级驾驶辅助系统地图）、高精地图、人工智能、大数据等方面的技术优势，正在全力打造智能网联汽车新生态，其研发的 Apollo（阿波罗）平台有望在 2024 年实现商业化。根据零壹智库发布的 2021 年自动驾驶专利排行榜 TOP 100，百度获得的自动驾驶专利授权量为 461 件，授权占比达 23%，排名全国第一，远高于排名第二的华为（授权量 186 件，授权占比 14%）。

① 指总部或分支机构在京企业。

在中游环节，滴滴和小马智行拥有领先全国的智能驾驶舱和自动驾驶解决方案，其中滴滴自动驾驶公司已取得北京、上海、苏州和美国加州的自动驾驶公开道路测试牌照，获得上海市颁发的全国首批智能网联汽车示范应用牌照，拥有超5亿美元融资，未来有望成为国内Robotaxi（自动驾驶出租车）落地的重要力量。北汽、北京奔驰等公司则在整车制造领域具有领先优势，其中北汽位列中国汽车企业前四强，世界500强企业第134位（2020年）。

在下游环节，滴滴、首汽集团、易到用车、神州租车等企业在出行服务领域处于行业领先地位。

知识链接

百度Apollo（阿波罗）平台

阿波罗是百度在2017年4月19日发布的名为Apollo（阿波罗）的向汽车行业及自动驾驶领域的合作伙伴提供的软件平台，该平台开放、完整、安全，可以帮助合作伙伴结合车辆和硬件系统，快速搭建一套属于自己的自动驾驶系统。Apollo拥有2000多人的研发团队，获得3000多项自动驾驶专利，通过1000多万千米的无人车安全测试，获得220张牌照、覆盖16个城市，拥有210多个合作伙伴、覆盖七大洲。百度研发无人驾驶汽车历程中的重要事件包括：

2013年，百度开启了无人驾驶汽车研发项目，其技术核心是“百度汽车大脑”。

2015年12月，百度宣布正式成立自动驾驶事业部；百度无人驾驶汽车在北京进行自动驾驶测跑，完成了从进入高速到驶出高速不同道路场景的切换。

2017年4月，Apollo自动驾驶平台开放计划发布，此后3年持续迭代8大版本能力，实现复杂城市道路自动驾驶技术；百度展示与博世合作开发的高速公路辅助功能增强版演示车。

2017年11月，科技部宣布依托百度公司建设自动驾驶国家新一代人工智能开放创新平台。

2018年7月，百度与厦门金龙合作生产的首款L4级别自驾巴士“阿波龙”量产下线。

2020年3月，百度发布全球首个车路行融合的全栈式ITS解决方案——

ACE 交通引擎，并在北京、长沙、重庆等 10 余座城市落地，与广州达成战略合作，共同打造粤港澳智能网联先导区。

2020 年 10 月，百度 Apollo 在北京经开区、海淀区、顺义区向市民开放自动驾驶出租车 Apollo Go 载人测试运营。

2021 年 1 月，北京智能车联产业创新中心发布《北京市自动驾驶车辆道路测试报告（2020）》，数据显示百度 Apollo 在北京路测的车辆达到 55 台（全北京共 73 辆），测试里程达到 201 万千米（全北京共 221 万千米）。

2021 年 4 月，百度研发制造的 35 辆 Apollo 自动驾驶汽车首次获得了商业运营许可。

2021 年 4 月，百度作为北京市智能网联汽车政策先行区代表性企业，签约自动驾驶“V 伙伴”计划，并获全国首批夜间及特殊天气自动驾驶公开道路测试资质。

资料来源：综合多方网络信息编写。

5.2.3 北京是全国智能网联汽车创新要素集聚度最高的城市

北京智能网联汽车产业相关创新机构集聚度全国领先。从高校来看，北京拥有清华大学、北京大学、北京理工大学、北京航空航天大学等众多名校，10 余所高校将智能车辆、智能交通作为重要研究方向。从科研院所来看，北京拥有国家智能网联汽车创新中心、国汽（北京）智能网联汽车研究院、中关村智通智能交通产业联盟等一批智能网联汽车创新平台。中科院自动化研究所、中国信息通信研究院等国字号研究机构在智能网联汽车产业政策研究、关键技术研发、测试与评价等方面也均有布局。从企业研发平台来看，北京聚集了北汽研究总院①、简式国际汽车设计（北京）有限公司②、福田汽车工程研究院③、梅赛德斯 - 奔驰中国高级设计中心④、百度自动驾驶国家新一代人工智能开放创新平

---

① 北汽研究总院隶属于北京汽车集团有限公司，建有 8 个配套齐全且设备先进的试验室，是编制、修订机动车排放控制国家标准和北京市地方标准的参与单位，具备完整的整车产品设计开发链条。

② 简式国际汽车设计（北京）有限公司是香港五龙电动车集团下属的整车研究院，专门从事汽车产品设计开发。

③ 福田汽车工程研究院是国家级企业技术中心、商用车全系列产品研发中心。

④ 梅赛德斯 - 奔驰中国高级设计中心是奔驰全球五大高级设计中心之一，亦是奔驰海外最大、设计领域最全的设计中心。

台[①]等一系列车企、互联网企业下属的高水平汽车产品研发平台（见表5－3）。

表5－3 北京智能网联汽车领域相关的研发机构

高校	清华大学、北京大学、北京理工大学、北京航空航天大学等
科研院所	中科院自动化研究所、中国信息通信研究院、交通运输部公路科学研究院、中国电子信息产业发展研究院、中国电子技术标准化研究院、中国软件评测中心、中国北方车辆研究所、汽车工程学会、汽车工业协会、国家新能源汽车技术创新中心、国汽（北京）智能网联汽车研究院、北京智能车联产业创新中心、中国智能网联汽车产业创新联盟、中关村智通智能交通产业联盟、国家智能网联汽车创新中心、国家汽车质量监督检验中心等
企业研发平台	北汽研究总院、简式国际汽车设计（北京）有限公司、福田汽车工程研究院、梅赛德斯－奔驰中国高级设计中心、百度自动驾驶国家新一代人工智能开放创新平台等

高密度的研究机构为北京智能网联汽车产业培育了大量高层次创新人才，提供了得天独厚的智力支撑。以人工智能领域为例，“2021年人工智能全球最具影响力学者榜单（AI 2000）”显示，北京现有超过4000名人工智能领域学者在国际顶级期刊或顶级会议发表过论文，占全国的近三成。[②] 北京在17个人工智能领域领跑全国，拥有高影响力学者63名、82人次，占全国总人次的近四成，排名全国第一。[③]

5.2.4 北京智能网联汽车应用场景丰富、建设起步早、水平高

北京在全国率先开展自动驾驶车辆开放道路测试，建设了国内首条5G自动驾驶测试道路（房山），设立全球首个网联云控式高级别自动驾驶示范区（经开区），打造全国首个智能网联汽车政策先行区（亦庄新城、大兴国际机场等）。经开、顺义、海淀、石景山、通州和房山共建有多个国家级和市级智能网联汽车示范区（基地、政策先行区）（见表5－4）。目前，北京已在经开、

① 国家科技部依托百度建设的首批国家人工智能开放创新平台。

② 见《北京打造人工智能产业新高地》。

③ 这些学者的研究方向以偏应用研究为主，主要集中在高校院所。清华大学、北京大学和中国科学院是最重要的人才聚集地，其中清华大学的高影响力学者数量居北京首位，达到39人次。

表 5－4 北京智能网联汽车示范区（基地、政策先行区）

所在区	设立时间	名称	主要功能	具体地点及面积	级别	备注
经开区	2019 年 7 月	国家智能汽车与智慧交通（京冀）示范区亦庄基地	以封闭测试为主	经开区内，0.43 平方千米	国家级	北京首个 T1～T5 级别测试场，可供测试车辆在更复杂的交通场景中进行测试评估，进而申请更高级别的自动驾驶道路测试试验牌照
	2020 年 9 月	网联云控式高级别自动驾驶示范区	加快实现 L4 级别及以上高级别自动驾驶的规模化运行。通过车网深度融合，实现车路协同，发挥网端作用，降低车端成本，促进汽车产品创新和产业转型	经开区内，60 平方千米	市级	打造车路云网图五位一体应用试验平台
	2021 年 4 月	北京市智能网联汽车政策先行区	探索针对智能网联新技术、新产品、新模式应用推广的创新性监管措施，形成一批有突破、有活力、有实效的制度创新成果	亦庄新城（225 平方千米）+大兴机场（150 平方千米），共约 375 平方千米	市级	除亦庄新城和大兴机场，还包括部分高速路段：①京津高速北京段；②京台高速公路北京段；③北京大兴机场高速公路；④南五环路连接段（新机场高速口至京津高速口段）；⑤南六环路连接段（新机场高速口至京津高速口段）；⑥大兴机场北线高速公路

续　表

所在区	设立时间	名称	主要功能	具体地点及面积	级别	备注
顺义区	2016 年 10 月	北京智能新能源汽车生态产业示范区	研发；整车生产与服务；核心部件生产	以赵全营镇为核心区，北小营镇为拓展区，10 平方千米	市级	北京最大的新能源汽车生产基地，引进特斯拉、宝马、奔驰等设计研发机构，预计到 2025 年年产 30 万辆新能源汽车
	2018 年 10 月	智能网联汽车创新生态示范区	重点建设整车与智能硬件研发设计与系统集成，智慧交通设施测试检验，5G 通信，汽车金融应用示范等八大板块和智能网联汽车特色小镇，形成集创新链、产业链、价值链、应用链于一体的智能网联汽车创新生态体系	北小营镇，200 平方千米	区级	形成一廊、一镇、六园、多点的智能网联汽车创新生态示范区总体布局。一廊即智能交通走廊，一镇即北小营镇智能网联汽车特色小镇，六园即研发设计产业园、整车制造与系统集成产业园、车载智能硬件产业园、软件信息产业园、高精度地图产业园、大数据云计算产业园
	2020 年 11 月	国家智能汽车与智慧交通（京冀）示范区顺义基地	以封闭测试为主，其他服务还包括智能网联汽车的研发、验证、评价	北小营镇，0.18 平方千米	国家级	

续 表

所在区	设立时间	名称	主要功能	具体地点及面积	级别	备注
海淀区	2018年2月	国家智能汽车与智慧交通（京冀）示范区海淀基地	以封闭测试为主	海淀区北安河路附近，0.13平方千米	国家级	全国首个面向自动驾驶车辆研发测试、能力评估而建设的封闭测试场地
	2019年10月	中关村自动驾驶创新示范区	测试、示范、可持续运营、产业一体化示范区	北起沙阳路、南至温泉路、东起永丰基地、西至聂各庄—北安河路，及海淀驾校的区域，规划面积为100平方千米	区级	
石景山区	2019年2月	北京市智能网联汽车示范运行区（首钢园）	推进智能网联汽车技术产业化，加快建设智能路网设施，建成满足超大城市出行需求的交通云，率先建设5G车联网，大力发展高精度地图产业	首钢园区，8.63平方千米	市级	

续 表

所在区	设立时间	名称	主要功能	具体地点及面积	级别	备注
通州区	2019 年 4 月	国家车联网产业基地	以商用车辆动态监控和运营服务为重点，集合科研实验室、工程中心、监测中心、核心企业等，打造车联网产业链	台湖镇，0.4 平方千米	国家级	旨在打造具有全球影响力的车联网科技创新中心和国家车联网产业策源地
房山区	2018 年 9 月	5G 自动驾驶示范区	提供 5G 智能化汽车试验场环境	房山高端制造业基地	区级	拥有国内首条 5G 自动驾驶测试开放道路
	2020 年 12 月	5G 自动驾驶示范区智能网联汽车检验检测服务平台	智能网联汽车检验检测服务及技术研发	房山高端制造业基地	区级	

顺义、海淀和通州等地开放自动驾驶出租车服务，部分区域如北京首钢园已面向公众开放 Robotaxi 商业运营（每单 30 元）。在 2021 年 6 月启动建立的国家人工智能创新应用先导区（北京）[①] 中，经开区明确承担智能网联汽车等创新应用工程。在该先导区启动仪式上，门头沟区与百度签署战略合作协议，双方将共同推进开展无人驾驶山区道路测试。截至 2021 年年底，北京开放自动驾驶测试道路 1207.9 千米，安全测试里程突破 391 万千米，其中载人测试车辆达到 124 辆，累计载人测试道路里程达 251 万千米，超过 30 万人次参与载人试运营测试，向 16 家企业的 170 辆车发放自动驾驶道路测试用临时号牌，自动驾驶道路测试申请企业数、车辆数、路测里程均位居全国第一。此外，新冠肺炎疫情的暴发倒逼智能网联汽车加快在民生领域的应用，实现“无人化”车辆在物流配送、环卫等领域的率先部署。

北京市高级别自动驾驶示范区应用场景

北京市高级别自动驾驶示范区逐步推动并已部分实现七大应用场景。一是自主代客泊车。以“轻场端＋适度冗余”为建设理念，建设面向商业化的标准的 AVP（全自动代客泊车）停车场，2020 年年底已完成管委会停车场场端改造部署。二是自动驾驶出租车。在百度、小马智行等常态化示范应用的基础上，增加投放车辆、提高站点密度、延长运营时段，探索收费运营、无人化等真实商业化目标场景。三是南海子公园。南海子公园实现无人车运营，包括新石器无人配送车、智行者无人清扫车、智行者安防巡检无人车。四是无人零售车。在经开区控股所属园区投放无人零售车，基于时段和人流量分析，售卖简餐、零食、饮料等食物及日用品。五是无人配送车。政策先行区

① 2021 年 6 月 9 日，北京启动建设国家人工智能创新应用先导区（北京），北京成为全国唯一的全市区域的人工智能创新应用先导区。根据发布的《国家人工智能创新应用先导区（北京）实施方案》，北京将实施“科技冬奥”、智慧城市、智能制造和智能网联汽车四大创新应用工程，计划到 2025 年年底打造形成以全球领先人工智能创新策源地、超大型智慧城市高质量发展示范区、人工智能体制机制改革先行区为特征的人工智能生态格局，努力把北京建设成为世界人工智能领军城市。

推行无人配送车开放道路商业运营，包括京东快递末端智能配送、京东生鲜超市智能配送、美团买菜自动驾驶配送。六是智慧公交。选定开发区5路规划公交示范运营，探索智能网联公交和无人接驳小巴。七是智慧物流。在大兴新机场至示范区之间进行智慧物流配送示范验证，场景包括干线物流、支线物流、末端配送全链条自动驾驶物流体系。

5.2.5 北京智能网联汽车产业基础设施支撑能力强

北京作为全国智慧城市基础设施与智能网联汽车协同发展第一批试点城市，[①] 在新型数字基础设施方面具有绝对优势，排在全国第一位。5G基站方面，北京远远领先于其他地区。截至2022年6月底北京已开通5G基站5.9万个，平均每万人5G基站数达27个，位居全国第一，良好覆盖率超九成，实现了对首都功能核心区、城市副中心、CBD、奥林匹克中心区等重点功能区5G网络全覆盖。数据中心方面，北京数据中心数量占全国的14%，2020年数据中心市场规模达269.8亿元，占全国的27.1%，均居全国首位。导航服务方面，北京2018年就已推出超过9万台北斗终端，为全市1500多辆物流车和超半数出租车搭载了北斗车载装备。智能交通系统方面，北京正在加快建设全国首个城乡一体化交通运行监测调度中心（TOCC），全面实施全市交通信号灯系统智能化改造提升计划，完善国内首个绿色出行一体化服务平台（MaaS），推进建设延崇智慧高速、智慧地铁等综合集成平台示范工程。

5.2.6 北京智能网联汽车产业支持政策处于全国第一梯队

一是政策数量全国领先。2016年，《北京市鼓励发展的高精尖产品目录（2016年版）》首次将智能网联汽车列为创新前沿产品，之后围绕产业规划、标准制定、创新激励、示范应用等制定多项政策措施，数量居全国前列。二是构建适度超前的政策管理体系。北京在全国率先取得多项制度突破，如

---

① 2021年5月，住房和城乡建设部、工业和信息化部联合发布《住房和城乡建设部办公厅 工业和信息化部办公厅关于组织开展智慧城市基础设施与智能网联汽车协同发展试点工作的通知》，确定北京、上海、广州、武汉、长沙、无锡6个城市为智慧城市基础设施与智能网联汽车协同发展第一批试点城市。

2021 年 4 月《北京市智能网联汽车政策先行区总体实施方案》发布，北京设立首个智能网联汽车政策先行区，构建了适度超前的“2 + 5 + *N*”政策体系，在全国率先允许企业开展基于收费的商业运营服务、允许无人配送车获取路权上路运营、支持智能网联汽车异地测试结果互认、开放自动驾驶汽车高速测试。2021 年 5 月，北京经济技术开发区（简称北京经开区）还公布了智能网联汽车应用场景机遇清单，以及三大类 20 项场景的配套支持政策（见表 5 – 5），加速智能网联汽车商业化应用。

表 5 – 5　北京经开区智能网联汽车应用场景机遇清单与配套支持政策

应用场景	支持政策
• 城市服务应用类场景：智能网联公园、无人配送车、无人零售车、自动驾驶出租车、自动驾驶环卫车、自动驾驶微循环接驳车、智能网联公交车、干支线物流货运卡车、自主泊车、智慧交管解决方案、基于云控基础平台的数据应用 11 项； • 前沿技术研发类场景：高级别自动驾驶的网联云控场景、高速公路自动驾驶测试、智慧城市基础设施与智能网联汽车协同发展试点工作、智能化道路基础设施产品创新应用、智能网联汽车核心零部件与车规芯片上车测试 5 项； • 跨界融合创新类场景：基于区块链技术的智能网联汽车数据存证应用、创新型自动驾驶测试车险、网络安全、卫星互联网与智能网联汽车融合应用 4 项	• 开展公共交通、出行服务、物流配送等公共服务领域示范应用项目，按单个示范项目实际投资额（企业自筹资金）的 30% 给予资金奖励，最高奖励 300 万元； • 对引领产业发展或取得颠覆性突破的关键技术创新项目，给予研发投入（企业自筹资金）50% 的资金支持，最高奖励 5000 万元； • 符合北京经开区定位和相关产业政策、产业投资导向的企业，还可享受规模为每年 5 亿元、单个企业支持额度最高 2000 万元的科技创新专项资金扶持

5.3　北京智能网联汽车产业重点地区创新实践

北京智能网联汽车产业发展引领全国，积累了不少创新实践，从各区布局来看主要集中在经开区、顺义区和海淀区。

5.3.1　经开区

经开区凭借雄厚的产业基础，着眼国际化，集聚全球高端人才和创新要素，提前布局智能网联产业。2016 年年初，工信部、北京市人民政府等就“基于宽带移动互联网的智能汽车与智慧交通示范应用”签署合作框架协议，千方科技、百度、北汽新能源、经开区国投等单位共同签署《北京智能汽车与智慧交通产业联合创新中心发起人合作协议书》，成立北京智能汽车与智慧交通产业联合创新中心，经开区成为智能汽车与智慧交通示范区，力争建设世界级智能网联汽车创新中心，建成引领智能网联汽车产业发展的创新示范区。近年来，经开区在发展智能网联汽车产业上已经具备明显的先发优势和良好的产业基础，得益于其不少典型做法。

一是构建完善的测试环境。经开区完成了“场（封闭试验场）—路（开放测试道路）—区（开放测试区域）”三级测试环境的基础设施建设，形成了较为完善的产业承载空间。2019 年 7 月，国家智能汽车与智慧交通（京冀）示范区亦庄基地建成，成为北京首个最高级别（T5 级）封闭试验场，拥有高速、城市、乡村等场景，覆盖京津冀地区 85% 的城市交通场景。经开区是全国首个全域开放的自动驾驶测试区，从 2020 年的数据来看，开放道路长度占全市开放道路长度的 46%，测试里程占全市总里程的 74%，成为全市开放道路规模最大、道路使用率最高、测试主体测试意向最大区域。2021 年 10 月，北京市智能网联汽车政策先行区正式开放无人化测试场景，率先开放的无人化测试路段全部集中在经开区 20 平方千米、共 100 多千米的城市道路，百度、小马智行率先获权进行无人化道路测试。

二是筑巢引凤，广泛吸引创新型企业入驻。国家新能源汽车技术创新中心、国汽智能网联汽车创新中心、北京智能车联产业创新中心相继落地经开区，形成三大创新平台，三大创新平台的股东单位均由产业链核心整车企业及产业链上下游企业构成，做出了许多突破型示范。经开区先后引进了百度阿波罗总部、道锐达毫米波雷达、启迪国际、小马智行自动驾驶、踏歌智行矿卡无人驾驶、主线科技研发总部、四维智联智能网联等一批国内外翘楚企业，获批全国唯一智能网联汽车制造业创新中心。

三是推进建设全球首个网联云控式高级别自动驾驶示范区。为了推动破解自动驾驶产业化难题，加快实现 L4 级别及以上高级别自动驾驶的规模化运行，经开区建设了高级别自动驾驶示范区，在支持单车智能继续迭代完善的基础上，重点建设全球首个网联云控式高级别自动驾驶示范区。高级别自动驾驶示范区以北京经开区全域为核心，以 3 ~6 个月为一个迭代周期，围绕“聪明的车”“智慧的路”“实时的云”“可靠的网”“精确的图”五位一体，按照 1.0 阶段（试验环境搭建）、2.0 阶段（小规模部署）、3.0 阶段（规模部署和场景拓展）、4.0 阶段（推广和场景优化）的步骤层层推进建设，形成成熟模式后将逐步向其他区域复制推广。当前，经开区已基本完成 1.0 阶段和 2.0 阶段的建设，2021 年全年投放 270 台智能网联测试汽车，安全测试里程达 221 万千米，占全市的 70% 以上，2022 年着力开展 3.0 阶段的建设。

四是探索引领智能网联汽车产业标准。经开区逐步开展智能网联汽车标准体系建设工作，走在全国智能网联汽车产业标准的前沿。经开区依托国汽智能网联汽车研究院有限公司成立国家智能网联汽车创新中心，创新中心积极牵头汽车标准委员会相关国家标准项目和研究项目，开展信息安全、交通、信息、通信、导航等标准的研究。

5.3.2 顺义区

顺义区在智能网联汽车产业方面已形成一定的集聚效应和品牌优势，成为北京智能网联汽车与 5G、工业互联网、北斗导航等产业融合发展的主要承载区。近年来，顺义区在自主创新研发、技术成果落地、技术应用平台和配套链条完善上取得了重要突破，成为智能产业新增长点。顺义区的典型做法如下。

一是规划建设智能网联汽车创新生态示范区及智能网联汽车特色小镇。顺义区规划了 200 平方千米的智能网联汽车创新生态示范区，筹建 80 公顷自动驾驶封闭测试场，首期 20 公顷已投入使用，开放 408 千米公开测试道路。在示范区内，顺义区建设了全国首个智能网联汽车特色小镇，镇域内布局了高级别车联网系统。镇内自动驾驶车辆封闭测试场实现 5G 信号全覆盖，通过 V2X、高精度地图及定位、云控平台等前沿技术，不仅为普通车辆提供了丰富的测试场景，更为自动驾驶车辆的研发、测试、验证、评价提供了更全面的支持和服务。目前特色小镇已经形成既有顶层规划设计，又有良好产业发展基础的局面，智能网联相关企业的税收已占到全镇的近三成，将有力带动区域经济发展。

二是依托示范区吸引产业链各领域重点企业。顺义区智能网联产业链条日臻完善，围绕高精度地图开发吸引正元地理、天地图、中科星图等企业，围绕智能网联产品开发集聚罗克维尔斯、星河亮点、图森未来、未来城运等企业，围绕智能网联车辆运营服务吸引触达无界、蘑菇车联、丰桔出行、百度 Robotaxi 等企业。顺义区还集聚北汽集团、理想汽车、奔驰等 5 大整车企业，以及宝马研发中心等核心企业。围绕特色小镇的发展定位，引进涵盖测试服务、传感器、5G 通信、导航、红外、应用型企业等完善的智能网联汽车产业链。

三是推进智能网联汽车场景应用。智能网联汽车在顺义区多领域落地，包括物流基地开展智能物流示范运营，白马路沿线开展智慧公交、无人清扫等，在奥林匹克水上公园、北京国际鲜花港等园区开展自动驾驶出租车、代客泊车、智能环卫、共享出行、无人车配送等应用示范。顺义区将进一步推动在北小营示范区内为城市公交车、出租车、网络约车、环卫车、物流配送车等车辆安装车载终端，提高车联网用户渗透率，扩大车联网产业规模，实现人—车—路—云高度协同。

四是举办世界智能网联汽车大会。世界智能网联汽车大会从 2018 年起举办，展会形式多样、内容丰富，包括论坛演讲、展示展览、试乘体验、设计大赛等。以 2021 世界智能网联汽车大会为例，大会组织以“无人配送创新与实践”为主题的特色论坛活动，开展“车与生活”互动体验区，举办“智慧车 · 新生活”主题科普展示活动、为冬奥助威系列活动等，发布《智能网联汽车产业发展报告（顺义指数 2021）》。举办世界智能网联汽车大会成为顺义区加快推动智能网联汽车创新发展的特色举措。

5.3.3 海淀区

海淀区立足新发展阶段，加快建设北京国际科技创新中心核心区，瞄准智能网联汽车新赛道，不断优化产业发展空间，完善从源头创新、关键技术研发到成果转化和产业化全产业链布局，打造智能网联汽车技术创新先导区、创新应用示范区和产业发展集聚区，典型做法如下。

一是依托中关村科学城创新资源优势建立中关村自动驾驶创新示范区。海淀区从 2019 年开始，规划建设总面积为 100 平方千米的中关村自动驾驶创新示范区，包括一个平台、四大板块和七片区域。[①] 示范区将持续打造“产业—测试—示范—运营”的产业生态结构，在中关村壹号、中关村环保园等科技园区，形成一带两翼的协同研发产业空间布局。产业集群打造方面，围绕关键技术节点，打造智能网联汽车产业“大脑”，重点布局车载芯片、操作系统、智能感知、智能驾驶系统、动态高精度地图和高精度定位、5G 车联网等关键领域。应用场景建设方面，升级海淀驾校测试场，推动自动驾驶无人化测试运营。2022 年 1 月 11 日，示范区的重要组成部分中关村（海淀）智能网联汽车前沿技术创新中心建成投用，已吸引超星未来、轻舟智航、仙途智能、娜迦科技、航天飞鹏等 6 家创新型企业入驻。

二是出台政策系统支持智能网联汽车产业发展。2019 年海淀区出台《关于支持中关村科学城智能网联汽车产业创新引领发展的十五条措施》，从支持共性技术平台建设、推动关键技术创新突破、优化产业配套服务、促进创新型企业集聚发展、加强企业孵化培育等 15 个方面全面推动智能网联汽车产业发展。根据这些措施，海淀区设立智能网联汽车产业创新引领发展专项资金，围绕共性技术平台建设、关键技术创新突破和自动驾驶测试相关费用补贴等几个方面进行专项支持。

三是搭建论坛、大赛、嘉年华活动等展示和交流平台。海淀区举办以“智车智驾　智创未来”为主题的 2021 中关村智能网联汽车国际创新论坛，通过搭建中关村智能网联汽车产业交流平台，为创新企业提供展示舞台，增强中关村智能网联汽车的品牌影响力。举办中关村科学城国际智能网联汽车前沿技术创新大赛，激光雷达、计算平台、仿真测试等领域的新产品得到展示，通过大赛吸引更多智能网联汽车创新创业企业落户海淀。海淀区还举办中关村科学城自动驾驶汽车嘉年华活动，通过科技迷你马拉松、智能网联汽车创新论坛、智能网联汽车科技展等环节展示最新技术成果，搭建自动驾驶应用场景。

---

① 一个平台是中关村自动驾驶创新示范区产业创新基础平台。四大板块为自动驾驶测试、智能网联立体示范、自动驾驶载人试运营以及技术创新和产业培育板块。七片区域为创新港、封闭测试场、区域开放测试、科技园区（环保园）、智能网联交通走廊、自动驾驶运营路线/区、未来城市区。

6 北京智能网联汽车产业发展面对的问题和挑战

尽管北京智能网联汽车产业的发展取得了一定的成效，但也要看到，智能网联汽车产业的发展还需要面对一系列的问题和挑战，尤其是高度自动驾驶（HA）级智能网联汽车还缺乏清晰的商业化落地条件，制约着智能网联汽车的发展。具体来说，主要表现在以下几个方面。

6.1 智能网联汽车起步晚、入网少、效益不明显

智能网联汽车是未来汽车产业发展的战略方向，随着汽车信息通信、人工智能、互联网等行业的深度融合，智能网联汽车已经进入技术快速演进、产业加速布局的新阶段，但智能网联汽车还处于发展的起步期，网联融合应用不充分，发展效益还有很大的提升空间。

一是智能网联汽车还处于起步发展期，话语权争夺激烈，产业发展呈现诸侯割据局面。汽车产业虽然已经有一百多年的历史了，但围绕数据、网联、人工智能等技术进行的产业创新才刚刚起步，智能网联汽车成为全球汽车产业转型升级的重要战略方向。特别是软件定义汽车成为产业变革的必然趋势，通过软件的持续升级、更新，给用户带来良好的体验，但具体的发展路径和时间进程尚不清晰，传统的整车总装厂商和软件厂商之间的话语权争夺异常激烈，例如，上汽集团的董事长明确表示不能接受与华为等第三方公司合作自动驾驶，认为那样上汽集团就没有了灵魂。目前，整车企业拥有很大的话语权，希望掌控软件方面的主导权，未来一段时间产业发展将会呈现诸侯割据的局面。

二是网联融合应用不充分，城市环境下规模化示范探索不足，缺乏重量

级的应用场景。目前，社会道路的完全无人驾驶离商用化还有距离。DA（辅助驾驶）级、PA（部分自动驾驶）级辅助驾驶和特定场景的HA（高度自动驾驶）、FA（完全自动驾驶）无人驾驶技术已经成熟，具备商用化条件，但测试示范应用不够，仅在少数特定区域先行先试，大规模应用不足，不利于技术的迭代和升级，迟滞智能网联汽车产业的发展。究其原因，一方面，智能网联还没有成为车企的刚需，公众对智能网联汽车的认识还不够，智能网联汽车的安全风险点增多，车企和消费者缺乏使用的主动性，大范围推广和使用智能网联汽车的环境还需营造和培育。另一方面，自动驾驶开放道路应用场景中，因无地理约束限制，行人和车辆种类、数量多，行为类型丰富，紧急情况出现时的制动难度大，安全性低，对自动驾驶汽车的技术要求高，大规模应用场景的开放相对谨慎。

三是智能网联汽车测试难的问题尚未解决，异地互认存在壁垒。测试验证是智能网联汽车实现商业化落地前需要跃过的“最后一道门槛”。与传统汽车测试不同，智能网联汽车在自动驾驶过程中存在很多不确定性，各种变量的存在大大提升了测试验证的难度。当前，各封闭测试场的建设水平差异较大，有些是升级来的，有些是新建的，有些场地的重点场景不够健全，真正融合到具体路段中、可用于测试的坡道、隧道、S弯道的封闭测试场不足，特别是智能网联汽车具有人、车、路耦合的特性，网络、算法、软件在实际功能和性能中占据主导因素，测试场景无法穷举，因此测试结果的精准度难以保证，也就很难达到令人满意的置信程度。同时，智能网联汽车测试异地互认还没有实现，多地重复测试增加了企业的成本，现有的异地互认只存在于部分企业之间，属于企业的自发行为。

四是自动驾驶牌照发放数量有限。随着自动驾驶技术开始落地，不少城市相继出台了自动驾驶道路测试政策，而自动驾驶测试牌照也成为车企和互联网公司争夺的焦点。北京开创了中国有关自动驾驶法规落地和专用测试牌照发放的先河。一方面，牌照申请要求高，北京智能网联汽车道路测试牌照申请需要先在封闭测试场试满5000千米，考试通过后才可以申请智能网联汽车道路测试牌照。另一方面，牌照发放不足，企业普遍认为自动驾驶领域货运车将优先于小客车实现大规模商业化，但自动驾驶货运车上路运营牌照数量有限，自动驾驶客车上路运营牌照还没有发放。某品牌汽车反映，北京实施试验车临时牌照管控，牌照发放数量相对较少，处于研发阶段的样品车无法开展公开道路试验，导致产品不能针对道路情况做出适应性调整。

6.2 汽车技术路线不确定性影响商业化发展

从技术和成本在车侧和路侧的分配出发，自动驾驶的发展演化出以激光雷达和高精度地图或以视觉感知和影子模式为代表的单车智能路线，以及在网联化方面率先发力与突破的车路协同路线，目前这两条路线尚处于探索过程中，技术路线的不确定性在很大程度上影响着智能网联汽车产业商业化发展的步伐。

一是单车智能[①]和车路协同[②]两条技术路线孰优孰劣尚存争议，自动驾驶商业化任重而道远。目前实现无人驾驶有单车智能和车路协同两种主流的解决方案，但尚处在“百家争鸣”的阶段，没有形成具备行业共识的战略路线和顶层设计方案，两种方案都还处于发展探索过程中。单车智能和车路协同的本质是技术和成本在车侧和路侧的分配，虽然 L4 ~ L5 级别的自动驾驶最理想的模式是实现“车端—路端—云端”的高度协同，智能的车配合聪明的路，车端智能和路侧智能协同呼应，但车端智能和路端智能的发展不完全是同步的，自动驾驶路线的选择面临感知能力、决策能力（算力）等不同能力在车侧和路侧分配的问题，所对应的自动驾驶成本也不同。下面以小马智行和百度这两种不同的技术路线为代表进行分析，智能网联汽车的最终发展方向还需时间和市场的检验。

从单车智能技术来看，北京的典型代表企业是小马智行。目前，国内外自动驾驶企业主要采用单车智能技术路线（国外的 Waymo、Cruise 等）。受多种因素的影响，单车智能技术路线短期内无法实现 L4 级别及以上自动驾驶车辆的大规模运行。首先是单车感知存在不足。单车智能的周边环境感知存在

---

① 自动驾驶指车辆主要依靠人工智能、视觉计算、雷达和全球定位及车路协同等技术，使汽车具有环境感知、路径规划和自主控制的能力，能够让计算机自主操控车辆，在不受任何人为干预的情况下自动安全地驾驶。单车智能自动驾驶的环境感知是通过车上安装的传感器完成对周围环境的探测和定位功能。

② 车路协同自动驾驶是在单车智能自动驾驶的基础上，通过先进的车、道路感知和定位设备（如摄像头、雷达等）对道路交通环境进行实时高精度感知定位，按照约定协议进行数据交互，实现车与车、车与路、车与人之间不同程度的信息交互共享（网络互联化），并涵盖不同程度的车辆自动化驾驶（车辆自动化），以及考虑车辆与道路之间协同优化问题（系统集成化）。

界限，无法实现“超视距”，在极端天气和被遮挡的情况下存在视觉盲区。其次是生产成本居高不下。单车智能车载硬件成本较高，激光雷达成本和寿命还不足以支撑自动驾驶汽车商业化规模量产。再次是长尾问题较难解决。极端场景等长尾问题需要用大量的测试和真实场景来解决，现实中难以实现。最后是群智规划不能实现。单车智能仅能实现单车通行规划最优，无法达到群体通行最优或者区域通行最优。

从车路协同技术来看，北京的典型代表企业是百度。近年来我国提出基于网联的自动驾驶技术路线，通过车路协同加速高级别自动驾驶的实现。尤其是我国在基础设施建设、政府效率等方面具有体制优势，是网联式自动驾驶最可能率先落地的地区。但基于网联的自动驾驶落地仍有较多难题，从技术上看，高可靠、低时延的通信技术和融合感知决策的算法等关键环节尚有未解决的问题。从管理上来看，当前分散式的孤立管理体制与一体化的道路交通软硬件支持条件不相匹配。从商业模式上来看，已有场景对用户的吸引力不足，不能有效解决出行痛点，缺乏终端商业模式的政府建设模式难以持续。从产业推进上来看，由于行业跨度广、技术差异大，尚未形成统一标准，没有一家企业可以包打天下，按照传统产业的扶持规律进行支持远远不够。

二是智能网联汽车还处于技术早期试验阶段，复杂场景下的技术突破还需持续发力。新技术的成熟往往需要经历一段过程，特别是需要大量的实践验证。目前无人车在混乱的城市内部环境中仍然无法正常行驶，对社会经验常识的综合判断和逻辑推理，比如对行人的手势、语言、神态的理解等，都需要进一步加强技术突破。人工智能技术的成熟度和稳定性还需提升，以确保能够准确识别道路上的每一个障碍物，能够提前做出预测，快速做出最佳的应对，保障绝对安全。此外，技术构建体系、标准协议、网络数据安全等多方面需要进行技术攻关和迭代验证，部分关键核心技术缺乏、基础技术落后、基础器件受制于人。

6.3 产业链全而不强、产业集中度有待进一步提升

汽车产业的一个显著特征是关键零部件的核心技术发展严重影响和制约整车技术的发展。例如，自动驾驶相关的传感器技术、线控底盘技术、人工

智能技术等方面，还需要“修炼好内功”。同时，自动驾驶产业链生态方面仍需完善，自动驾驶系统的产业集成能力仍需加强，比如未来如何获取自动驾驶汽车用的高精度动态地图等，产业链的布局还存在一系列需要解决的问题。

一是产业链自主可控面临挑战。虽然目前北京在智能网联汽车全产业链都有企业布局，但是与发达国家相比，无论是在技术、产品上，还是在市场占有率、行业话语权方面，许多企业处于弱势地位，特别是在以美国为首的西方国家加大对我国高科技企业打压的背景下，加强汽车产业链自主可控显得尤为迫切和必要。一些智能网联汽车行业的底层核心技术和产品依然受制于人，竞争力不强，一些核心技术领域的领军企业往往不在北京（见表6-1），在一定程度上影响智能网联汽车产业的发展壮大，甚至在关键时刻面临“卡脖子”问题。具体来说，在基础软件与操作系统方面，目前相对成熟的内核系统及中间件等基本掌握在欧美厂商手中。车规级芯片方面，传统车规级计算与AI芯片的主要市场被国外厂商占据，包括设计工具在内的硬件设计产业链等也掌握在国际厂商手中。环境感知核心元器件方面，视觉处理芯片、毫米波雷达收发芯片、激光雷达收发芯片等主要依赖国外进口，国产替代产品仍需对性能、稳定性进行进一步验证。此外，在仿真测试软件、车规级卫星高精定位、高精度线控执行器等方面也与外国厂商存在一定差距，产业链尚不完整，核心技术积累欠缺。

表6-1 智能网联汽车核心技术领域的北京企业及行业领军企业

	核心技术/关键零部件	北京企业	行业领军企业
感知系统	摄像头	地平线科技、中科慧眼、双髻鲨、经纬润恒、鑫洋泉电子	采埃孚（德）、松下（日）、索尼（日）、法雷奥（法）、麦格纳（加）、大陆（德）等
	激光雷达	北科天绘、北醒光子、经纬润恒、一径科技、洛伦兹科技、探维科技、锐驰智光、数字绿土、万集科技	Velodyne（美）、Quanergy（美）、IBEO（德）等
	毫米波雷达	行易道、凌波微步、木牛科技、川速微波、理工雷科	博世（德）、大陆（德）、天合（美）、海拉（德）、德尔福（美）、Mapmaster（日）等

续 表

	核心技术/关键零部件	北京企业	行业领军企业
决策系统	计算平台	地平线机器人、百度、驭势科技	英伟达（美）、英特尔（美）、恩智浦（荷）、赛灵思（美）、英飞凌（德）、德尔福（美）等
	操作系统	百度、智行者、小马智行	微软（美）、苹果（美）、黑莓（加）、英特尔（美）、风河（美）、谷歌（美）等
	芯片	中科寒武纪、地平线机器人、深鉴科技、四维图新	Mobileye（以色列）、Altera（美）、Movidius（美）、英伟达（美）、高通（美）、恩智浦（荷）、三星（韩）、瑞萨（日本）、德州仪器（美）、ADI（美）、东芝（日）、赛灵思（美）、意法半导体（意）
执行系统	集成控制系统	北汽、驭势科技、滴滴、智行者、小马智行、禾多科技	Autonomous（美）、博世（德）、大陆（德）、采埃孚（德）、克诺尔（德）、爱德克斯（日）等
通信系统	V2X 通信模块	大唐电信、千方科技、北汽、百度、蘑菇车联、四维智联、万集科技、星云互联、东软集团	日立（日）、瑞萨（日）、Peloton（美）、大陆（德）、恩智浦（荷）、博世（德）、德尔福（美）、英特尔（美）等
	电子电气架构	北汽、经纬润恒	博世（德）、瑞萨（日）、采埃孚（德）、奥托立夫（瑞典）、电装（日）等

二是产业链协同性不强，缺少整合产业链上下游资源、引领产业协调发展的龙头企业。智能网联汽车产业链长，涉及的企业众多，需要加强产业链上资源的协同，但北京智能网联汽车行业中专注于细分市场、技术或服务出色、市场占有率高、抗风险能力强的“专精特新”和“单项冠军”企业不多，行业领军者屈指可数。与此相比，不论是德国的博世、大陆、采埃孚等汽车零部件企业还是美国的微软、苹果等高科技企业，都是智能网联汽车产业相关环节的全球领军企业。此外，智能网联汽车有交叉融合特性，特别是信息安全涉及多领域交叉，需要汽车产业和网络安全产业跨界融合，但整车供应链厂商（信息化部件厂商）、互联网服务提供商（网络接入服务提供商、地图测绘企业）等上下游企业联动不足。

三是京津冀区域智能网联汽车产业集中度相对较低，成果落地难。北京具有创新资源优势，高校院所云集，但受产业用地等因素影响，汽车产业集中度相对较低。尽管在京津冀区域汽车产业具备一定的完整度，但受产业配套不完善、中试基地缺乏等多种因素影响，北京大量的汽车行业研发技术成果在京津冀区域落地的相对较少，反而主要流向产业链配套相对完备的长三角和珠三角地区。以芯片产业为例，2018 年国内有 208 家企业销售额过亿元，其中长三角地区有 92 家，京津冀环渤海地区有 37 家，珠三角地区有 33 家，中西部地区有 29 家。虽然北京在芯片设计方面处于国内领跑地位，但由于京津冀区域产业配套不及长三角地区，一些优势企业便选择到长三角地区落地产业化。如 2020 年 7 月中科寒武纪高端智能芯片研发与敏捷设计平台建设项目落户上海临港；2020 年 9 月地平线（上海）人工智能技术有限公司在上海临港投资近 30 亿元建设车载 AI 芯片全球研发中心。

6.4 商业化应用涉及部门多、管理协调难度大

智能网联汽车产业正处于商业化前期阶段，如何加速智能网联汽车大规模商业化落地是业内关注的焦点。从智能网联汽车产业发展进程来看，相关技术快速演进，智能网联汽车已进入道路测试常态化运行、示范应用多点开放的新阶段，但要实现真正的商业化落地，还面临诸多挑战与瓶颈，特别是还存在管理体制、价格收费等方面的问题，在一定程度上迟滞智能网联汽车

产业商业化发展步伐。

一是商业化应用需要强化多部门协同管理。新业态的成熟涉及监管的调整和完善，而与智能网联汽车落地应用相关的商业模式包括提供技术方案、提供硬件产品、提供软件产品、提供平台服务、提供数据增值服务以及车队运营六大类。近年来，智能网联汽车向商业化迈进的步伐正在加快，国家加快推动智能网联汽车产业的发展，产业各方都在积极进行智能网联汽车相关的技术评测、产品准入及商业模式等相关的测试和验证，为智能网联汽车真正落地做准备。智能网联行业需要“车、路、云、网、图”协同配合，行业跨度广、管理部门多、协调难度大，商业化对传统管理提出挑战。当前各自为政的管理体制，与一体化的道路交通软硬件支持条件的要求不相匹配，智能网联汽车监管还需要提前谋划和调整，以不断适应智能网联汽车产业发展的需要。

二是价格收费听证还处于准备阶段。Robotaxi 是智能网联汽车的主要应用场景之一，在市场上大面积地推行自动驾驶出租车还需要经历一系列的行政程序，定价是其中重要的一环，是智能网联汽车成功实现商业化的关键环节和重要标志。2021 年 11 月 25 日，北京正式开放国内首个自动驾驶出行服务商业化试点，百度和小马智行成为首批获许开展商业化试点服务的企业，标志着国内自动驾驶领域从测试示范迈入商业化试点探索新阶段。但大范围推广商业化，还需政府加快政策突破步伐，率先履行相关行政程序，合理安排自动驾驶收费标准，加快推动自动驾驶出租车的大范围应用。相比而言，深圳已经先行一步，出台了《深圳经济特区智能网联汽车管理条例》，履行相关收费听证程序，完成价格收费听证，开启混行收费。北京还需加快政策探索步伐，履行相关程序，促进智能网联汽车在出租车领域的快速发展。

6.5 配套路侧基础设施不完善

智能网联汽车的发展不仅涉及汽车产品本身的问题，还涉及车路云网一体化的问题，对道路交通基础设施、通信和网络基础设施以及不同基础设施间的互联互通都有迫切需求。尽管北京在特定区域开展智能网联交通基础设施先行先试，并取得了初步的成效，但是智能网联交通基础设施的发展仍然面临投资周期长、投资额度大、投资主体不明确以及未来商业化运营方式的挑战性问题。

一是高等级智能化道路缺乏。目前，北京在经开区等已经规划建设了一批自动驾驶封闭测试场、开放测试道路。如经开区早在 1.0 阶段建设，就部署了 12 千米城市道路、10 千米高速公路和 1 个自主代客泊车（AVP）停车场的智能化基础设施。但这些都还处在小范围测试验证和应用示范阶段，道路的感知定位、车路信息交互等方面的能力还不能满足自动驾驶的需求，更不具备协同决策或协同控制的能力，难以满足高等级自动驾驶对数据精度、数据质量的要求。

二是路侧设施投资主体缺乏。自动驾驶汽车作为新技术的一个载体，车路协同基础设施的投入大、见效慢，面临巨额的成本费用。路侧设施主要包括多感合一的摄像头、激光雷达、毫米波雷达、路侧通信终端、边缘计算单元等。目前，投资主体缺位，政府投不起，企业不愿投、缺乏动力。不包括施工安装等其他费用，仅设备投资，经开区 12 千米城市道路投资 5000 万元，10 千米高速公路投资 2500 万元，每千米的投入分别为 417 万元、250 万元，且全部由政府资金投入（见表 6－2）。同时，企业的商业逻辑不清晰，缺乏终端商业模式，投资模式还在探索过程中。路和车之间存在博弈，只有道路设施建成后，对于车辆才有价值，存在“车等路”的情况；同时，道路改造又需车辆付费来支撑，存在“路等车”的问题。

表 6－2　　经开区路侧设施改造里程及投资情况

类别	里程（千米）	设备投资（万元）	每千米设备投资成本（万元/千米）	投入主体
城市道路	12	5000	417	北京开发区城市运行局
高速公路	10	2500	250	北京车网科技发展有限公司

三是高精度地图体系尚不具备。高精度地图是自动驾驶的重要支撑，要求数据实时更新，对公路、车道、三维结构物等信息的更新周期小于 1 个月；对交通管制、道路施工等信息的更新周期小于 1 小时；对周边车辆、行人等信息实时高效精度数据的更新周期小于 1 秒。但当前数据管理和数据丰富的要求之间有矛盾，现有的地图审核模式不能满足高精度地图的需求，与普通导航地图相比，审核自动驾驶地图，需要从审核人眼识别的地图转化为审核

机器读取的不可视数据，而且是具有更丰富的要素、更快的更新频次的数据。此外，地图加密技术尚未有所突破，自动驾驶地图需要研究在线加密技术，加密数据需要从二维扩展至三维，精度诉求为厘米级。

6.6 大规模商业化存在制度障碍

当前智能网联汽车发展的相关行业标准以及法规亟待健全，现有法律法规中无法适应未来自动驾驶的部分，需要及时修改。我国社会环境对智能网联汽车的接受程度还需要逐步提高，涉及的相关道路伦理、社会安全、隐私安全等问题还需要逐渐面对并解决。

一是顶层设计方面，缺乏重大行动计划支撑，部分法律法规、标准束缚产业发展。历史经验表明，颠覆性的科技创新会受到传统观念、既定规则的排斥和制约。在法律法规方面，智能网联汽车的相关政策制定、法律法规修订、隐私权保护和网络信息安全工作还需进一步跟进。比如《中华人民共和国道路交通安全法》《中华人民共和国公路法》《中华人民共和国保险法》《中华人民共和国测绘法》《中华人民共和国标准化法》等均存在不适用产业发展的内容。有关人员伤亡、财产损失责任承担的相关规定、纠纷解决机制还没有建立，自动驾驶保险机制还不健全。《中华人民共和国网络安全法》中未专门针对自动驾驶汽车设置网络信息安全规范，网络安全问题亟待解决，车辆数据安全和隐私权保护、信息侵权责任、安全保障、产品责任、行政责任以及刑事责任的主体和内容认定问题等，依然存在法律条款内容缺失的问题，信息安全保障亟待加强。在智能网联汽车技术标准方面，国家层面对智能化自动控制标准、网联化协同决策技术标准、典型场景下自动驾驶功能与性能相关的技术要求和评价方法、智能网联汽车登记管理、身份认证与安全等标准仍处于研究阶段，北京尚未出台这些方面的地方性标准，不能满足产业发展的需要。

二是深圳、上海加速追赶，北京自动驾驶政策开放步伐还需进一步加大。新技术的发展一般都超前于政府管理政策的制定，导致新产品的应用与推广存在一定的障碍期。北京设立自动驾驶政策先行区具备一定的先发优势，但也要看到，深圳、上海等地有赶超趋势，自动驾驶政策开放力度更大、步子更快，北京亟须在自动驾驶测试先行先试、新产品新技术准入、智能网联汽车数据跨境流动等方面率先作出规范和引导。比如，机动车产品进入市场实行的是准入管理制度，智能网联汽车无相应的准入标准，就无法被列入汽车产品目录，无法销售，无法注册登记，也无法像传统汽车一样上路行驶。此外，智能网联汽车的很多相关标准目前尚属空白，不能满足产业发展的需要。

三是封闭试验收费政策可以进一步优化。北京规定自动驾驶车辆需要经过封闭测试场至少 5000 千米的安全测试及专家评审后，才能获得路测牌照。按照经开区基地封闭测试场现行收费标准（见表 6 – 3 和表 6 – 4），以平均时速 60 千米、白天与晚上各测试一半（2500 千米）来计算，测试 5000 千米，需要缴费近 160 万元；[①] 对于初创公司而言，这笔支出压力较大。目前北京仅中关村科学城对在海淀区进行封闭测试且在海淀区纳税的初创企业给予最高 200 万元补贴，其他地方没有补贴。与此相对，为缓解测试企业的支出压力，营造良好的测试环境，国内一些城市有补贴，如广州对取得智能网联道路测试通知书的主体给予封闭道路测试费用不超过 30% 的补助（每台测试车最高补助不超过 20 万元，同一申报主体每一年度累计补助最高不超过 500 万元）。开放道路测试缺乏复杂场景。目前，北京自动驾驶开放道路测试集中在经开区、海淀区的五环外区域等，缺乏交通密集、高速公路等复杂场景测试。而 2020 年上海开通金桥智能网联汽车测试道路，成为国内首个智能网联汽车特大型城市中心城区开放道路典型测试场景。

表 6 – 3　　经开区基地封闭测试场收费标准　　单位：万元/天

场景	9：00—18：00	18：00—次日 9：00
高速场景	9.5	14.0
乡村场景	1.0	1.5
城市复杂环路	2.0	3.0
城市街道	5.0	7.5
整体场景	14.0	20.8

注：①周六、周日的价格在基础价格上上浮 30%；②元旦、春节、清明、端午、劳动节、中秋和国庆节的价格在基础价格上上浮 50%。

---

① （2500/60/12）=3.47（天），取整为 4 天；4 ×（14.0 +5.0）+4 ×20.8 =159.2（万元）。

表 6-4 经开区基地封闭测试场测试服务费收费标准 单位：万元/天

项目	9：00—18：00
测试技术指导、测试场景解析、测试结果分析、测试培训、测试数据提供	5.0

注：①周六、周日的价格在基础价格上上浮 30%；②元旦、春节、清明、端午、劳动节、中秋和国庆节的价格在基础价格上上浮 50%。

6.7 跨学科跨领域产学研协同和人才发展亟待加强

智能网联汽车具有车辆工程、人工智能、通信技术等多学科融合的特点，对跨学科跨领域联合技术研发和复合型人才的培养提出了新的要求，北京智能网联汽车政产学研协同创新体系还不完善，行业有效协同研发机制尚未形成合力，现有针对智能网联汽车领域的人才发展政策还存在很大的提升空间。

一是产学研协同不够紧密。目前，在智能网联汽车快速发展的道路上，车企、高校以及科研机构等单位都扮演了重要角色。虽然北京产学研基础条件已经很好，既有北汽集团等汽车生产企业，又有开设车辆工程、人工智能和通信等专业的理工类高校、科研院所以及中国智能网联汽车产业创新联盟、国汽（北京）智能网联汽车研究院有限公司等新型研究合作组织，但由于各方的评价机制和利益并不完全一致，对于“产”的角度，企业更多地是以产业化作为主导去推进，对于“学”的角度，大学更多地专注于基础研究和前沿研究，不完全基于企业的需求导向，致使各方的合作深度和广度还需要进一步加强。同时，企业和高校院所的产学研合作机制不完善，合作往往是通过单一项目合作形式进行，企业普遍反映希望进一步利用北京的资源优势，加强与在京央院央所的合作，创新合作方式，促进汽车产业的发展。

二是北京现有的人才政策在留住人才和使用人才上不占优势。人才富集度与不尽如人意的人才发展环境不匹配。对于智能网联汽车产业来讲，人才是最重要的资源，当前大数据、人工智能等信息技术领域的专业人才相当缺乏，尤其是“既懂车，又懂人工智能，还懂通信技术”的高层次复合型人才。据企业反映，随着造车新势力的入局，人才多来源于行业内部以及传统车企，人才缺口相对较大。同时，在疏解非首都功能的背景下，大数据、人工智能、区块链、无人驾驶等领域的专业技术人才还需加快培养，以不断满足智能网联汽车产业发展的需要。一些国际知名企业之所以在北京设立分支机构，就是因为清华、北大等著名高校和中科院等科研院所在北京。而这些高校科研院所的毕业生选择留在北京，很大因素在于北京是国家的首都，是全国各族人民向往的地方。实际上，就促进学以致用和人才发展来看，北京现有的人才政策，特别是在留住人才和使用人才方面不占优势，在国内及国际人才“大战”中竞争力不强。

7 北京发展智能网联汽车的战略思考

权威咨询机构 IHS 发表预测称，无人驾驶汽车将在 2025 年前后进入市场，2035 年销售量能够达到 1000 万辆以上，占同期全球汽车市场总销售量的 9% 左右。美国电气和电子工程师协会（IEEE）预测，到 21 世纪中叶前，无人驾驶汽车能够占到世界汽车拥有总量的 75%，汽车交通运输系统的概念将会迎来革命性变革，交通规则和基础设施都会发生巨大变化，智能网联汽车将会颠覆汽车交通行业的运作模式。

2020 年 2 月，国家发展改革委等 11 个部委联合印发《智能汽车创新发展战略》，提出了智能网联汽车创新发展战略愿景：到 2025 年，中国标准智能汽车的技术创新、产业生态、基础设施、法规标准、产品监管和网络安全体系基本形成，实现有条件自动驾驶的智能汽车规模化生产和高度自动驾驶的智能汽车在特定环境下市场化应用；智能交通系统和智慧城市相关设施建设取得积极进展，车用无线通信网络（LTE－V2X 等）实现区域覆盖，新一代车用无线通信网络（5G－V2X）在部分城市、高速公路逐步开展应用，高精度时空基准服务网络实现全覆盖。展望 2035 年到 2050 年，中国标准智能汽车体系全面建成、更加完善；安全、高效、绿色、文明的智能汽车强国愿景逐步实现，智能汽车充分满足人民日益增长的美好生活需要。

2020 年 11 月，中国工程院院士、国家智能网联汽车创新中心首席科学家李克强发布了《智能网联汽车技术路线图 2.0》。报告中提到中国智能网联汽车将朝着有益于文明进步、可持续轨道发展（具体体现在安全、效率、节能减排、舒适、便捷和人性化等方面），不断满足人民对美好生活无限向往的需要，实现汽车强国伟大目标。报告还提出中国智能网联汽车发展的总体目标是，到 2035 年，中国方案智能网联汽车技术和产业体系全面建成，产业生态体系健全完善，整车智能化水平显著提升，网联式高度自动驾驶智能网联汽车实现大规模应用。由于采用智能化和网联化技术，未来驾乘安全性和舒适性显著提高，交通事故和人员伤亡数量大幅降低，交通出行和物流运输效率显著提升，道路交通能源消耗和污染排放有效降低。届时，中国方案的智能网联汽车关键核心技术处于国际领先水平，有效助推汽车产业转型升级、新兴产业经济重构和安全、高效、绿色的汽车社会文明形成，促进建设世界汽车强国的战略目标实现。

2018 年 10 月，北京市经济和信息化委员会发布的《北京市智能网联汽车产业白皮书（2018 年）》中提出了北京市智能网联汽车产业中长期发展目标：形成世界一流的智能网联汽车产业集群，打造智能网联汽车与智能交通深度融合的智能交通新模式，建成最具活力的自动驾驶创新生态体系和安全、高效、绿色、文明的智能网联汽车社会。

据此，本书提出北京发展智能网联汽车的总体战略思考。

7.1 指导思想

以习近平新时代中国特色社会主义思想为指导，坚持以人民为中心的发展思想，准确把握我国经济发展的历史方位，牢固树立新发展理念，以新时代首都发展为统领，以供给侧结构性改革为主线，以发展中国标准智能网联汽车为方向，以建设智能网联汽车强国为己任，以健康可持续的创新生态为原生动力，以体制机制创新和制度建设为有力保障，将智能网联汽车发展上升到系统概念、社会范畴、战略高度，在满足我国驾驶场景标准、地图标准、通信标准、交通标准和安全标准的前提下，充分融合智能化与网联化发展特征，研发中国方案智能网联汽车，搭建智能网联汽车制造、智能交通规范与智慧城市治理共同发展的新型体系架构，构建智能网联汽车创新系统工程，提升产业竞争力、国家竞争力，形成北京智能网联汽车发展新优势，最终实现车路云一体化创新发展，为打造健康、宜居、安全、韧性的数字经济标杆城市和全球新型智慧城市的标杆城市、建设国际一流的和谐宜居之都作出应有贡献。

7.2 发展目标

到2025年，有条件自动驾驶的智能网联汽车达到规模化生产，高级别自动驾驶的智能网联汽车在限定区域和特定场景实现规模化运行，全市智能网联汽车销售量达到新车销售总量的20%左右，智能网联汽车产业在全市现代化经济体系中发挥重要作用，对全市经济增长的贡献率显著提高。培育万亿级智能网联汽车产业集群。

展望2035年到2050年，中国标准智能网联汽车体系由逐步完善到全面建成，北京智能网联汽车核心技术达到国际先进水平，质量、品牌具备很强的国际竞争力。北京智能网联汽车成为新销售车辆的主流，公共领域用车全面智能化，高级别自动驾驶汽车实现规模化应用，安全、高效、绿色、文明的智能网联汽车运行体系基本形成，智能网联汽车在国际一流和谐宜居之都建设中扮演举足轻重的角色。

7.3 基本原则

市场主导，政府引导。充分发挥市场配置资源的决定性作用，激发人才、资本、数据等创新要素的活力，强化企业在技术路线选择、生产服务体系建设等方面的主体地位，更好地发挥政府在战略规划引导、法规标准制定、质量安全监管、市场秩序维护、绿色消费引导等方面的作用，为智能网联汽车产业的发展营造良好环境。

统筹谋划，协同推进。强化智能网联汽车发展顶层设计，处理好顶层设计与基层探索之间的关系，加强部门协同、行业协作、上下联动，形成跨部门、跨行业、跨领域的协同发展合力，促进智能网联汽车与城市、交通、能源互联互通。

创新驱动，平台支撑。凝聚行业共识，建立开源开放、资源共享的合作机制，构建智能网联汽车自主制度体系。充分调动社会各界积极性，更好地发挥国家级创新中心和企业间组织的作用，推动智能网联汽车创新平台建设，增强战略实施保障能力。

跨界融合，安全可控。践行开放融通、互利共赢的合作观，打破行业分割，加强产业融合，创新产业体系、生产方式、应用模式。强化产业安全和风险防控，建立智能网联汽车安全管理体系，增强网络信息系统安全防护能力。

7.4 总体思路

以推动产业融合发展为途径，以计算基础平台、智能终端基础平台、云控基础平台、高精度动态地图基础平台和信息安全基础平台为载体，以融会贯通的数据为核心，以泛在有序的感知体系为突破，以广泛普遍的联系为手段，以开放协同的应用场景为牵引，战略性谋划、统筹性设计、创新性重塑、持久性攻关，开创新模式，培育新业态，提升北京智能网联汽车产业基础能力和产业链水平。

从服务国家战略高度出发，结合北京数字经济标杆城市和智慧城市建设部署，进一步发挥经济技术开发区产业优势，深化高级别自动驾驶示范区建设工作，加强前瞻布局，吸引孵化产业链重点企业，增强重要节点保障能力，优化供应链结构，提高供应链安全性、稳定性。

以生态建设为重点，强化顶层设计，创新各方共建共享机制，加强云、网核心力量构建，突破底层关键技术，促进车网深度融合，形成协同高效的软硬件体系。加快法规制度建设，推动相关标准制定推广，着力抓好数据管理和信息安全，筑牢产业健康发展底线。

总结深化经验做法，加快示范区建设。突出网的作用，加速推进路侧设施建设改造，尽快实现网联云控智能化设施全覆盖，全面提升系统服务能力，推动更大规模网联车辆测试应用，促进更多创新成果转化落地。

8 北京智能网联汽车产业创新发展的路径探索

8.1 加强顶层设计，完善政策法规和标准体系

（1）强化跨界融合发展理念，加强顶层设计。发展智能网联汽车是一项具有战略意义的系统工程，需要多方参与、协同推进。北京应根据国家总体发展规划，充分挖掘首都优势，从战略高度和全球视野来系统谋划全市智能网联汽车产业发展目标和路线图，包括技术方案、商业应用时间表、产业链空间分布等。建立跨行业、跨部门的协同工作机制，加强部门间的沟通协调，统筹谋划全市智能网联汽车产业发展，协调解决发展中遇到的政策法规、基础设施、监管等方面的瓶颈问题。充分发挥行业协会、产业联盟等组织的桥梁和纽带作用，建立完善行业协同推进服务机制。

（2）组织开展前瞻规划研究。组织相关领域的协会、联盟和研究机构开展前瞻性研究，结合智能网联汽车中长期发展趋势，对正在和将要出现的一大批新技术、新业态、新模式、新问题进行研判。

（3）完善相关配套政策。围绕智能网联汽车的全生命周期，从生产准入、质量管控、地图测绘、安全监管、交通管理、责任认定、信息安全、数据流动、金融保险等环节对现有法规、标准体系、行业规范等进行系统梳理和适应性调整，积极争取一批政策突破，使其符合智能网联汽车技术创新和产业发展的实际需求。研究制定智能网联汽车管理地方条例。重点是推动有关产品应用的法规、标准和技术规范的建立与完善，探索实施智能网联汽车产品准入管理制度，推动智能网联汽车从研发测试向产品落地转变。制定智能网

联汽车产业新产品、新业态包容审慎监管指导意见，探索开展包容审慎监管试点。依据《交通运输部关于促进道路交通自动驾驶技术发展和应用的指导意见》制定北京的实施办法，针对智能网联汽车路权、合规商用、安全监管等迫切需求及产业长期发展需要，在智能网联汽车政策先行区加大商业运营服务相关政策的创新力度，探索智能网联汽车豁免上路机制，支持技术稳定成熟的场景开展运营收费，在认证、准入、责任认定等方面积极开展先行先试。促进《北京市智能网联汽车政策先行区自动驾驶出行服务商业化试点管理实施细则（试行）》落地实施，适时逐步扩大商业化试点路段或区域范围。

（4）推动形成一批智能网联汽车技术的“北京标准”。目前各国都在争先前瞻性布局智能网联汽车国际化标准、认证体系等产业价值分配制高点。中国在智能网联汽车产业标准体系建设方面刚起步，北京应抢占先机，将北京市市场监督管理局、北京市经济和信息化局等相关管理部门，智能网联汽车产业重点企业，检测机构以及科研院所专家等各方力量组合成立北京智能网联汽车及应用标准化技术委员会，[①] 根据《国家车联网产业标准体系建设指南》，研究制定北京车联网产业标准体系建设指南，推动制定相关技术及应用的地方标准。尤其要发挥北京在自动驾驶系统、高精度地图、人工智能、测试验证和示范应用等领域的优势，在智能汽车软硬件接口协议、零部件规格性能、整车系统结构和智能交通基础设施等方面，加快建立自主技术标准体系，并以“北京标准”为引领加快中国标准的制定，提升在全球技术标准制定中的话语权。加强与全国汽车标准化技术委员会及其智能网联汽车分技术委员会等的对接，对于将关键核心技术转化为技术标准和积极深度参与国家、国际标准制定的企业、科研院所给予资金奖励。提升企业标准创新能力，支持团体标准突破，资助企业、科研机构等联合开展团体标准制定，并支持向行标、国标、国际标准转化。

8.2 提升北京智能网联汽车产业自主创新能力

技术创新是引领智能网联汽车产业发展的第一动力。适应智能网联汽车

① 2021 年 1 月 28 日，上海市智能网联汽车及应用标准化技术委员会成立。

多学科交叉、跨界融合的特点，引导创新资源向企业集聚，推动跨部门、跨行业、跨领域、跨国别开展开放式协同创新，在突破产业关键核心技术和“卡脖子”技术方面作出国际科创中心应有的表率和贡献，打造全球智能网联汽车技术创新策源地，占领产业价值链高端。

（1）梳理技术攻关清单，组织实施一批协同攻关专项。夯实基础研发，聚焦复杂环境感知、新型电子电气架构、自动驾驶操作系统等关键核心技术和车规级高精度视觉传感器、毫米波雷达、激光雷达、线控底盘、智能座舱等零部件瓶颈，大力培育核心零部件产业链。由北京市经济和信息化局、北京市科学技术委员会牵头系统谋划攻关计划，率先组织开展一批攻关专项。创新重大科技项目立项、投入和组织管理方式，通过设立基金等方式引入社会资本联合投入，采取“揭榜挂帅”“赛马”制等制度，支持企业牵头多方参与的创新联合体攻关。

（2）发挥国家智能网联汽车创新中心等创新平台作用，加快产业基础性共性技术突破。依托国家智能网联汽车创新中心、北京智能车联产业创新中心等已有平台，推动全球优势资源和产业链上下游资源整合，攻克智能汽车底层关键共性技术，构建五大基础平台（车载计算平台、智能终端基础平台、云控基础平台、高精度动态地图基础平台和信息安全基础平台），提供跨领域的共性交叉基础模块、中间组件和通用平台，加速产业协同创新发展。

（3）引导重点整车企业加快建立智能网联汽车全新研发平台，增强产业链韧性。依托北汽集团等整车企业，促进整车企业、零部件企业、ICT 企业、互联网企业、科研院所等融合发展，加大研发投入，通过计算、研发、服务等平台之间的竞合生态建设，开展联合攻关，积极推动整车平台、自动驾驶平台研发及产业化，建立政产学研用金联合研发攻关机制，提升基础性、交叉性技术研发和供给的能力。

8.3 加快智能网联汽车新型基础设施建设

（1）构建智能道路基础设施。把握高级别自动驾驶示范区 3.0 阶段建设契机，促进网络通信技术、人工智能技术与道路交通基础设施的深度融合，为车联网、自动驾驶等新技术的应用提供必要条件。拓展智能网联道路基础设施覆盖范围，在北京经开区核心区60平方千米的基础上向北京经开区全域以及副中心、海淀区等重点区域延伸，布局建设一批城市道路和高速公路的智能网联基础设施。统筹推进专用网络、云控平台、网联道路等新型基础设施建设，加快5G车联网建设，形成连接车与云平台的车联网服务能力。面向典型场景和热点区域部署边缘计算能力，构建低时延、大带宽、高算力的车路协同环境。支持北斗卫星导航系统和差分基站等设施建设，加快高精度动态地图基础数据平台建设，提升车用高精度时空服务的规模化应用水平，满足车辆的高精度定位导航需求。在部分高速公路和部分城市主要道路，支持构建集感知、通信、计算等能力于一体的智能基础设施环境。

（2）超前谋划基础设施为商业化创造条件。充分研判智能网联汽车作为未来产业发展的趋势，在技术路线、基础设施建设、商业化运营等环节加强谋划，为未来产业的发展预留升级空间。在政府先期主导智能道路设施改造的基础上，充分发挥市场主体作用，通过共建、入股、委托运营、政府优先采购等多种方式方法，支持社会资本参与智能化道路改造。明确智能道路基础设施建设标准，新建市政交通基础设施充分考虑未来智能网联的发展方向，预留智能网联设施接口，存量道路基础设施智能化改造要考虑更新换代需求，提前做好布局。

（3）创新基础设施投资运营模式。基础设施建设所需要的资金投入规模大，单纯依靠政府难以持续支撑。政府部门与具备相应能力的市场主体合作，是智能基础设施建设融资效率最高的路径选择。要加强政府引导和监督，积极创造条件，优化市场配置，发挥财政资金的乘数效应，加大对民间资本的开放力度，鼓励通过PPP（政府和社会资本合作）模式等多种方式吸引社会资本进入，积极培育市场化的智慧城市运营商、智慧城市运营业和服务业。

8.4 健全完善智能网联汽车产业人才培养、引进和使用机制

智能网联汽车产业的竞争，归根结底是人才特别是高端人才的竞争。北京发展智能网联汽车产业最显著的优势是人才，最大的问题也是人才，不仅缺乏适应智能网联汽车产业发展需求的高端人才和跨界融合型人才，更缺乏

人尽其才的发展环境，没有把存量人才的潜能充分释放出来。当前各地都在展开“抢人大战”，北京应加快人才制度创新，确保人才引得进、留得下、流得动、用得好，加强“以才引才，以才聚才”，以国际一流的人才生态集聚天下英才而用之。

（1）健全引才聚才机制，确保人才“引得进、留得下”。促进人才链与产业链、资金链深度融合，探索精准引才新模式，建立智能网联汽车产业重大项目与人才引进联动机制。推动汽车制造、人工智能、信息通信、互联网等相关领域的国内外人才合作交流，广开进贤之路，探索高层次人才“同行举荐”制、“不为我所有，但为我所用”的柔性引才等新渠道。重点发展软件开发人才，如自动驾驶 AI 算法等高端人才，同步以政策引导智能网联领域相关专业应届毕业生留京，加强在京汽车人才结构的重构和全新建设。充分利用“两区”建设的优势，实施更加开放、更大力度的人才政策。通过探索外籍人才配额管理制度试点、向高端人才提供签证便利、向紧缺急需和战略型人才提供定制服务、对境外人才发生的医疗费用开展自贸区内医院与国际保险实时结算试点等举措，更大力度吸引国际高层次人才落户。健全分级分类的科技人才评价指标和评价方式，突出能力业绩导向，落实以增加知识价值为导向的收入分配政策，完善职务发明成果收益分配制度，使科研人员收入与其创造的科学价值、经济价值、社会价值紧密联系。让一流人才有一流待遇，在团队配备、科研条件定制、资金稳定支持、落户、住房、子女教育等方面完善配套政策，给予创新领军人才技术路线决定权和经费使用权，允许一流人才“名利双收”，甚至“一朝致富”。

（2）建立开放灵活的人才流动机制，确保人才“流得动”“用得好”。畅通人才有序流动渠道，积极探索“共享人才”等新型人才使用模式。充分发挥北京科教资源富集、智能网联汽车相关企业聚集的优势，在人才流动上打破体制界限，探索建立北京特色的人才“旋转门”机制，鼓励企业设立首席科学家，引进高校及科研院所人员兼职服务。支持高校、科研院所为来自企业的研发人员设立兼职研究员等岗位，不受编制和工资总额限制。

（3）鼓励产教融合建立协同培养机制。描绘智能网联汽车紧缺和重点人才画像，鼓励企业与高校、科研院所合作推动相关学科建设和专业布局。支持校企合作设立人才联合培养计划，通过定制化、模块化课程设计和丰富培养手段，协同培养多学科交叉的高端复合型人才，尤其是人工智能环境感知的算法、自动驾驶车辆的决策、运动控制和测试等方面的紧缺人才。

8.5 打造全国领先的智能网联汽车示范应用高地

（1）加快开展智能网联汽车基于多场景、大规模的示范应用。重点聚焦智能网联汽车场景建设，研究出台加快智能网联汽车应用场景建设方案，按照“先五环外后五环内、先特定区域后一般区域、先夜间后白天、先物流车作业车后载人车”的思路，进一步加快智能网联汽车在工业园区、仓库、港口、干线物流、公交、环卫、末端配送等多场景下进行示范应用。在示范的基础上，总结经验，形成可复制、可推广的经验做法，依托丰富的城市道路交通场景，探索解决产业化过程中的关键问题。对于示范车辆行驶里程累计达到1000千米以上的运营主体，根据示范应用效果给予一定的资金支持。放开高速公路相关限制，支持高级别自动驾驶率先在货运场景应用。布局智慧出行、智慧交通等场景，开展城市级智能汽车大规模、综合性应用试点，完善智能网联汽车测试验证环境，加快5G－V2X示范应用。

（2）推进自动驾驶在城市副中心等重点场景的示范应用。智能网联汽车大规模商业化离不开“高含金量”的场景条件。总结北京冬奥会自动驾驶服务经验，以副中心建设为契机，推进智能网联汽车的示范应用，构建覆盖从仿真测试、道路测试、特定场景示范到大规模城市级综合应用的多层次立体式示范体系。鼓励小马智行、百度等有潜力的自动驾驶企业参与重大国际活动运输服务，如VIP接驳、奥运物资运输等，展示北京高科技形象，推动北京自动驾驶企业走向世界。支持百度加大Apollo无人驾驶Robotaxi在副中心的运营服务投入，不断拓展自动驾驶线路、站点、汽车布局，逐步扩大商业化运营的范围，不断丰富无人驾驶的应用场景。

（3）纵深参与智慧交通体系建设。按照逐步推进原则，持续丰富自动驾驶开放测试道路场景，加大在北京经开区、海淀区等重点区域5G车联网路侧基础设施部署范围，建设云平台，选择特定区域、特定线路，加强路侧智能基础设施改造，试点定制公交、快速公交开展自动驾驶，促进智能交通和智能汽车融合发展。以自动驾驶开放测试道路、物流运输、智慧轨道交通建设与运营等重大场景为牵引，推动自动驾驶、智能高铁、智能邮政等的示范应用，打造泛在的智能网联汽车应用场景。

（4）打造智慧城市基础设施与智能网联汽车协同发展标杆城市。抓住智慧城市基础设施与智能网联汽车协同发展第一批试点城市的机遇，加速车路云网图一体化新基建前瞻性规划、布局和建设。部署智能路网试点改造工程，实现交通道路通信设施、视频监控设施、交通信号、交通标识标线智能互联。推动在副中心和北京经开区等重点区域部署计算能力，构建低时延、大带宽、高算力的车路协同环境。支持5G车联网芯片、通信基站、路侧单元、车载终端等联网关键设备的研发与产业化。加大充换电基础设施建设，加快网联设施建设，加速5G通信设备部署，提升车载通信终端搭载率，推进数据云交互平台建设。

8.6　加快新型产业链培育，促进产业链和创新链融合发展

（1）加快新型产业链培育，推进各区差异化发展。由北京市经济和信息化局、北京市发展和改革委员会、北京市科学技术委员会、北京市财政局等研究绘制智能网联汽车产业地图，针对关键环节、薄弱环节和空白环节，制定重大项目精准支持政策，吸引一批国内外领军企业和专精特新“小巨人”企业在京聚集，推动一批“补链”“强链”项目落地和建设。鼓励产业聚集区出台支持政策措施，形成各有侧重、优势互补的发展格局。北京经开区利用政策先行优势打造智能网联汽车示范应用高地和共性技术研发创新集聚区；海淀区依托众多自动驾驶企业做强“汽车大脑”；顺义区依托世界智能网联汽车大会，以整车及核心零部件制造为基础，打造智能网联汽车创新生态示范区。

（2）发挥北汽集团龙头作用，积极引进造车新势力，推动产业链和创新链深度融合发展。抓住作为国企改革试点的有利条件推进北汽集团转换企业经营机制，将客户导向思维贯穿研发、产品、营销、渠道全价值链，擦亮极狐（ARCFOX）和BEIJING品牌。尽快在市场化导向的选人用人机制和激励约束机制方面实现大的突破，用足用好股权和分红激励、股票期权、超额利润分享等各种措施，积极探索企业员工以科技成果出资入股，增强人才创新

活力和企业竞争力。积极培育有竞争力的新势力造车企业，支持理想汽车建设高端新能源SUV产品全球旗舰工厂，争取小米造车项目落地北京。支持北汽集团与百度、华为、滴滴等企业联合开展技术攻关及应用。推进关键零部件、整车制造、决策控制整体解决方案、车路协同设备、出行服务等方面的产业链上下游企业强强联合，形成产业链各环节高效对接可持续发展格局。通过人才、资金等政策支持，鼓励北汽集团等优势企业牵头整合中科院、清华大学、北京理工大学、北京航空航天大学等院所高校力量和社会服务机构，建设一批高水平的协同创新平台。

（3）推动京津冀三地联动。以北汽集团等整车厂商为龙头，依托京津冀三地汽车零部件产业园，完善整车与零部件协同制造的产业链条，吸引上下游企业聚集，形成京津冀智能网联汽车产业集群发展的态势。

8.7 完善相关产业配套，营造产业发展新生态

（1）建设智能网联汽车大数据中心。智能网联汽车是汽车与人工智能、大数据、信息通信等新一代信息技术的融合，是继电脑、手机之后又一个重要的数据终端，其运行过程中产生的海量数据已经成为贯通“车、路、云、网、图”各个环节和盘活整个产业的重要战略资源。利用数据赋能智能网联汽车产业的发展，提升以北汽集团为轴心的北京智能网联汽车产业链上下游企业的研发实力，争取早日突破智能网联汽车安全测评这一行业障碍并建立起“北京标准”，推动率先实现智能网联汽车的大规模商业应用并构建有效的安全监管体系，引领带动全国乃至全球智能网联汽车产业的发展。以路侧端数据为主、车端数据为辅，建设数据资源体系；以数据采集技术和数据转化与应用技术为重点，建设技术支撑体系；聚焦研发、生产、测试、运营、监管等关键环节，建设场景应用体系；依托北京国际大数据交易所，建设智能网联汽车数据交易服务体系。

（2）加强智能网联汽车的网络安全保障能力。完善安全管理联动机制。严格遵循和落实网络安全法要求，明确汽车制造企业、电子零部件供应商、网络运营商、服务提供商等产业链关键节点相关主体的义务和责任，将风险评估、等级测评、网络安全监测预警、信息通报和应急处置措施制度化、法

制化，定期开展网络安全监督检查。提升网络安全防护能力，加强车载芯片、操作系统、应用软件等安全可靠性设计，开展车载信息系统、服务平台及关键电子零部件安全检测，强化远程软件更新、监控服务等安全管理。建立北斗系统抗干扰和防欺骗安全防护体系。按照国家网络安全等级保护相关标准规范，建设智能汽车网络安全态势感知平台，提升应急处置能力。加强数据安全监督管理。建立覆盖智能网联汽车数据全生命周期的安全管理机制，明确相关主体的数据安全保护责任和具体要求。实行重要数据分类分级管理，加强监督检查，开展数据风险、数据出境安全等评估，确保用户信息、车辆信息、测绘地理信息等数据安全可控。

（3）增强测试验证能力。智能网联汽车的测试评价是示范应用与商业应用前的必需环节。丰富测试场景库，完善测试评价方法和测试规范，推动场景数据库、仿真测试、道路试验测试等技术融合发展，大力推进覆盖全场景、多领域的权威检验检测机构和服务能力建设，形成全国领先乃至全球领先的面向实验室、封闭道路、半开放道路和开放道路的综合试验验证能力。搭建智能网联汽车测试验证平台，通过传感器仿真、车辆动力学仿真、交通仿真、道路建模等技术模拟相对真实的驾驶场景对智能网联汽车进行测试验证。建立模拟仿真测试场景库、人工智能算法学习场景库等公共资源库为行业发展提供学习训练、测试验证、仿真模型以及场景数据的基础支持。落实《北京市智能网联汽车政策先行区总体实施方案》，针对企业诉求强烈的高速路快速路测试、异地测试结果互认、商业运营服务等在智能网联汽车政策先行区内推动试点工作，形成可复制可推广的经验和管理模式在全市乃至全国推广。探索在五环内划定特定区域设立中心城区智能网联汽车城市开放测试道路试点。

（4）提高政府服务水平。深入推进“放管服”改革，主动走访企业，梳理存在的问题和难点，营造良好的产业发展环境。对重大项目实行“一个重大项目、一个服务团队、一套服务方案”的全流程服务模式。形成全市政策合力，进一步优化智能网联汽车发展的营商环境。积极对接国家相关资源，推动技术创新平台、产业创新中心、示范基地等重大项目在京落地。探索实施“弹性出让”“先租后让”等土地利用新模式，保障产业发展需求。积极利用北京高精尖产业基金引导作用，带动头部企业、社会资本等共同设立产业基金。加大对产业共性关键技术攻关、平台建设、示范应用等重大项目的支持力度，支持对京内企业研发成果和产品的首购首用。

（5）搭建产业技术创新公共服务平台和国际交流合作平台。依托头部企业、高等院校及科研院所、产业园区等，鼓励建设智能网联汽车前瞻共性技术研发平台、产品技术测试认证平台、标准规范研究制定平台、数据与信息安全评测平台、新产品新技术发布平台、国际交流合作平台等功能性服务平台。依托世界智能网联汽车大会，举办高水平智能网联汽车产业论坛，提升其作为全球产业交流合作平台的国际影响力。加强与有关国家和国际知名企业在技术创新、贸易投资、标准法规等领域的交流合作，推动形成开放型的智能网联汽车产业发展新格局。

9 智能网联汽车产业发展图景

汽车自1886年诞生以来，至今已有近140年的历史，几乎没有发生本质的变化。仅有的两次改变了汽车产业格局的大变革是福特大量生产和丰田精益生产，也仅仅是生产技术和生产组织方面的变化，在汽车构造和用途上没有什么改变。然而在当前，汽车产业却面临着自诞生以来的最大变化，这种变化是全方位的、颠覆性的：不仅汽车底层结构设计发生了改变，汽车应用形态和应用边界也发生了变化。汽车产业不仅在改变着自身，还改变着人们的生产方式和生活方式，这个变化很深刻、很彻底。

9.1 智能网联汽车产业发展趋势

汽车产业的变化中，“新四化”① 的发展趋势已成为行业共识。“新四化”中，以电动化为基础，以网联化为纽带实现车辆的智能化，并逐步具备自动驾驶的能力，最终实现共享化的无人驾驶出行这一终极目标。其中，电动化的趋势已确定，并且发展较为成熟，汽车行业下一阶段的竞争将主要来自智能化，且以智能驾驶为核心，进而颠覆人类的传统出行方式。

智能网联汽车集合汽车、电子、计算机、通信等多个领域，形成万亿级的市场空间，在软件和服务方向上也打开了新的盈利渠道，为转型中的传统汽车企业、造车新势力以及纷纷入局的科技公司带来历史机遇。互联网公司等跨界入局者利用互联网思维，精心挑选赛道进入汽车行业，其中华为公司自我定位为智能网联汽车增量部件供应商，百度和小米宣布下场进行造车，

① “新四化”指电动化、网联化、智能化和共享化。

大疆、创维、OPPO 等企业也积极布局，各方共同携手促进汽车产业的蓬勃发展。

在此基础上，智能网联汽车产业将呈现以下发展趋势。

9.1.1 L2 级别及以下级别的自动驾驶已实现大规模量产，L3 级别及以上级别的自动驾驶的商业化应用正在寻求突破和导入

智能网联汽车产业的技术分为 L0 ~ L5 级别，其中 L2 级别和 L3 级别是重要的分水岭。L2 级别及以下级别的自动驾驶以人类驾驶为主；而 L3 级别及以上级别的自动驾驶主体发生了根本性改变，汽车主要由机器驾驶，人类的驾驶变成了辅助方式。甚至到最后不需要人类介入，变为无人驾驶方式。L2 级别及以下级别的自动驾驶也称为 ADAS（高级驾驶辅助系统），这是 L3 级别及以上级别自动驾驶的第一步，要实现高级别自动驾驶首先要普及 ADAS。目前，智能网联汽车产业主要停留在 L2 级别及以下级别的自动驾驶技术状态。ADAS 能够极大地提高车辆行驶的安全性，并已得到快速应用。2021 年我国 ADAS 前装标配新车搭载率约为 39.6%。

L3 级别及以上级别的自动驾驶是重塑未来出行方式的关键性技术，对未来的出行服务具有颠覆性的影响，是汽车产业发展的必然趋势。也正因如此，它吸引了诸多科技企业纷纷进入。目前，特斯拉以其自身的软硬件集成能力率先推出了高速自主导航驾驶，其最新的 FSD Beta 软件也增加了城市街道的自动辅助驾驶功能、道路交通信号的识别功能等，在技术和产品上已进入 L3 级别自动驾驶的初始引入阶段。在 2021 年年底，梅赛德斯 - 奔驰拿到了世界上第一个 L3 级别自动驾驶商业应用认证证书。知名咨询管理机构麦肯锡公司在分析了多个自动驾驶案例后，选择出自动驾驶应用的 4 个场景，它们分别是 Robotaxi、长途货运卡车、特定场景和“最后一公里”的配送服务。麦肯锡给出了一个判断，如果自动驾驶的技术水平能够达到 L4 级别甚至是 L5 级别，那么 Robotaxi 的前景是最为光明的。而与 Robotaxi 相比，高速卡车货运尤其如港口、矿山等特定场合的货运，因为其自动驾驶技术的实施难度比较小，将会较早实现商业化落地应用。现阶段，L3 级别及以上高级别自动驾驶正在不断寻求技术突破和商业化落地应用，但渗透的规模仍然较小。未来商业化应用的拐点关键在于三个方面：数据积累增多、硬件成本降低和消费者体验升级。

9.1.2 中短期来看，单车智能将会是智能网联汽车的主要实现方案，车路协同长期来看将成为重要补充

智能网联汽车产业主要有两种实现路径，分别是单车智能模式和车路协同模式。其中，单车智能是指通过搭载高性能传感器、大算力计算平台实现单车的自动驾驶，通过数据积累持续赋能驾驶“中央大脑”。而车路协同是指通过更高层次的通信网络实现车辆接入，并通过云处理平台实现终端数据的采集、加工、处理和决策，通过车路融合的方式提升车辆自动驾驶能力。

单车智能是实现产业应用的主要路径之一。当前，国外的 Waymo、优步、特斯拉、Cruise 以及国内的百度、小马智行等自动驾驶龙头企业都坚持走单车智能路线，国内外广泛开展的智能网联汽车开放道路试验、Robotaxi 试运行和商业化试点运营也均采用单车智能模式。但是，单车智能由于仅仅依靠车内计算机进行决策，决策的结果往往侧重于个体优化。而只进行个体的优化，将可能降低车辆的运行效率。智能网联汽车需要综合应用 5G 通信、物联网、人工智能以及大数据技术来实现车辆的智能互联。只有将车辆与云端和周边其他智能车辆联系起来，形成网络，并应用城市大脑或者智慧城市综合指挥平台分配路权，才能实现高水平的自动驾驶。此外，采用智能化和网联化结合的方式发展，可以减少单车智能的感知不足和能力缺陷，降低其对加载在车辆上的智能传感器和其他智能硬件的要求，从而可以大大降低单车的成本，利于快速实现高水平的自动驾驶。

正确处理单车智能与车路协同的关系，将有助于自动驾驶行业的稳定健康发展。可以看出，单车智能与车路协同之间是一种互补关系，彼此之间并不是对立的。未来一段时间内，单车智能与车路协同将并行发展，智能网联技术将有效推动汽车产业进入一种生态多元化、出行方式丰富化、能源使用合理化的状态。

9.1.3 智能网联汽车的安全问题成为核心关注点，寻求包括行车安全和信息安全的测试与认证办法成为行业亟待解决的问题

随着车辆智能化、网联化的发展，智能网联汽车已经变成时下最具前瞻

性和最受欢迎的高科技产品之一，为社会和各类企业以及公众提供了无限可能的机遇和充满风险的挑战。但是，智能网联汽车这种高科技产品，是一种可能造成人员伤亡的新事物，对安全方面的要求特别严格，在其诞生和发展的过程中将会伴有一系列安全方面的问题。如果不解决这些安全问题，产品将很难得到推广与广泛应用。

在传统车辆安全问题的基础上，智能网联汽车还将面临功能安全、预期功能安全和信息安全等一系列问题。其中，功能安全是指当智能网联汽车出现了感知错误、决策错误、控制故障等问题时，车辆仍然能够保持安全或者确保车辆能够进入安全状态。在任何时候，如果功能安全得不到保证，智能网联汽车是无法得到应用的，更是无法大规模进入市场的。另外，随着智能网联汽车技术的发展和应用，并不是所有车辆安全问题都来自系统发生的错误和故障，问题可能来自环境的影响或系统本身功能和性能的不足。例如，自动驾驶系统没有发生故障，但可能由于系统输出的不确定性因素导致功能偏离，从而造成交通事故。在这种非故障条件下，系统功能未达到预期所带来的安全保证就是需要解决的问题。此外，随着智能网联汽车技术的发展，车辆配置的电子控制系统越来越多。此时的车辆已不再是一个孤立的单元，而是一个移动的智能终端。以车内网络、车间网络和车云网络为基础，按照预先设定的通信协议和数据标准，实现车、路、云、人之间的数据交换，构建智能交通运行管理、信息通信服务和智能车辆控制的互联系统。但是，互联互通虽然带来了方便高效，但也带来了非常严重的信息安全隐患。2019 年来，黑客利用各种诸如信息篡改、病毒入侵等手段攻击汽车。尤其是近年来，一再发生的由信息安全问题而引发的召回事件引起了社会的大量关注。汽车的信息安全不仅给企业造成经济损失并导致个人隐私的泄露，很有可能对人民的生命安全造成严重威胁，还可能引发公共安全问题。

上述产业关注点，尤其是预期功能安全问题，当前还没有较为可靠的测试和认证办法。为了推进高级别自动驾驶的商业化落地，行车安全和信息安全的测试和认证办法已成为亟待解决的难题。

9.1.4 基于智能网联汽车的“出行服务”市场成为竞争焦点

随着高级别智能网联汽车技术发展成熟，基于 Robotaxi 的智能网联汽车无人驾驶共享"出行服务"将成为越来越重要的出行方式。很多人可能将不再需要购买汽车，汽车产业的发展逻辑从做好一个汽车产品向提供好出行服务转变。能够为消费者的出行提供良好体验的出行服务企业将成为汽车产业的主导力量，并将占据产业链的核心位置；出行服务企业也将依托市场需求，从后端向前端整合产业链上下游资源。整车制造企业势必将向 Robotaxi 无人驾驶出行服务转变，占据未来产业链的核心位置；如果无法成功转型，其向 Robotaxi 供应商的转变也将很难，甚至面临消亡，连带企业所在城市的汽车产业也将可能走向消亡。

2018 年谷歌 Waymo 在美国亚利桑那州凤凰城推出 Robotaxi 服务 Waymo One，小马智行在广州市南沙区推出 Robotaxi 服务 PonyPilot。2021 年 11 月，北京正式开放国内首个自动驾驶出行服务商业化试点，开启了收费运营模式，Robotaxi 商业化落地迈出了历史性的一步。到 2022 年，已经有上汽、百度、小马智行、文远知行、元戎启行、T3 出行、滴滴、Auto X 等多家公司的 Robotaxi 车队开始试点商业化运营。吉利控股集团宣布与 Waymo 达成合作，旗下品牌极氪将为 Waymo One 无人驾驶车队提供专属车辆。广汽集团官宣同文远知行、如祺出行达成战略合作，2022 年在如祺出行平台上线 Robotaxi 运营，为用户提供自动驾驶出行服务。Robotaxi 的卡位之战在中国激烈地上演着。汽车产业链核心转向 Robotaxi 无人驾驶出行服务的趋势已然形成，全国乃至全球范围内的 Robotaxi 竞争已经激烈展开。

9.1.5 业内合作、跨界协同是趋势，也是必然

过去的汽车生产合作主要是主机厂与零部件厂进行单一的或单向的合作。而智能网联汽车必须由主机厂、零部件厂、科技公司、出行服务商等共同参与，必须通过跨界合作、优势互补才能实现互利共赢。

当前阶段，数据问题和成本问题成为制约以 Robotaxi 为代表的高级别自动驾驶商业化落地的主要原因。智能网联汽车参与企业单打独斗，导致用于技术迭代和升级的数据太少，加之安全评测理论的缺乏，使得以 Robotaxi 为代表的自动驾驶行车安全难以实现，安全员无法从车中撤掉，Robotaxi 运营成本无法降低，运营规模难以扩大，从而无法实现真正的商业化运营。唯有摒弃单打独斗的做法，集合政府、整车制造企业、零部件供应商、科技公司、

出行服务商等，形成业内合作、跨界协同的联合体，才能够互补优势、共享数据，进而缩短高级别自动驾驶商业化应用的时间，尽快去除安全员，实现成本下降，达到互利共赢。这种合作和协同是趋势，也是必然。

9.1.6 政策和法规不断完善，助力智能网联汽车产业尤其是高级别自动驾驶早日实现量产上路

在美国、欧盟、日本等发达国家和地区，政府主导和促进适应智能网联汽车发展的各项法律法规的制定，研究促进智能网联汽车技术在研发领域和落地应用方向上的各种支持措施，并且加强网络基础设施建设和道路智能化改造，这些都是在为发展智能网联汽车产业营造好的环境。中国也在积极实施基础平台和关键技术的研发，并且开展行业特别需要的标准和相关法律法规的制定。工业和信息化部、交通运输部、公安部等部门积极支持相关企业和机构，联合促进车路协同自动驾驶标准、公共道路测试规范和特殊专用无线频段等各种有助于智能网联汽车产业发展的技术和政策的制定与实施。目前，已发布了一些关于智能网联汽车的标准、法律法规，包括标准体系建设指南、道路试验管理规范、封闭试验场地建设指南以及企业与产品准入管理指南等。

2021 年 3 月，深圳在智能网联汽车法规制定方面取得了长足进展，《深圳经济特区智能网联汽车管理条例（征求意见稿）》在深圳市人大常委会网站上公开征求社会各界的意见和建议。条例明确规定智能网联汽车经登记取得证书、号牌和行驶证后，可上特区道路行驶。这意味着，无人驾驶的汽车有望在深圳合法上路了。同年 4 月，北京设立国内首个智能网联汽车政策先行区，较为超前并系统构建出包括智能网联汽车道路测试、示范应用、商业运营服务以及路侧基础设施建设运营等内容的政策体系，较为准确地瞄准和力求解决当前阶段智能网联汽车行业创新发展中亟待解决的配套监管难题。2021 年 11 月，北京正式启动了全国第一个自动驾驶出行服务商业化试点，开启收费运营的商业化模式，迈出了 Robotaxi 商业化落地的历史性一步。

综合来看，自 2017 年以来，世界各国陆续制定智能网联汽车相关的法律法规和推出配套支持政策，明确了各级别自动驾驶接管的程度与需要承担的法律责任。国家级标准加上配套支持政策的制定有利于自动驾驶技术的成熟

和落地应用，各类企业正在有针对性地进行产业布局和技术研发，推动不同等级智能网联汽车加速量产。

9.2 2035年智能网联汽车产业发展图景

9.2.1 美好图景

到2035年前后，L4级别的高度自动驾驶（HA）将得到规模化应用。L4级别的高度自动驾驶能够实现全程无须驾驶员任何操作，但有限制条件，比如限制车速不能超过一定值，且驾驶区域相对固定等。届时，全国主要城市的城市道路和郊区道路都将随处可见自动驾驶车辆，高速公路上自动驾驶车辆的占比将会很高。自动泊车将会成为车辆的标准配置。

L5级别的完全自动驾驶（FA）技术将取得突破，并在部分区域开始进行试点运行和应用。L5级别的完全自动驾驶不需要驾驶员配合任何操作，可实现全天候、全地域的自动驾驶，并能应对天气变化及地理位置变化。驾驶员可以休息或将注意力放在其他工作上。

以无人驾驶出租车为主的无人驾驶出行服务成为重要的交通出行方式，无人驾驶货运服务也成为物流交通的主流方案。

自动驾驶汽车能够解放乘员的手、脚、眼和注意力，乘员在车内可以进行娱乐活动或办公。汽车的属性不再仅是代步工具，而是将进化为继家庭、办公场所之外的第三生活空间。

完全自动驾驶情况下，人类的驾驶时间减少到零。人类在车中扮演的角色将只是乘客，不再是司机。这时，畅想一下乘客能够在这第三生活空间的汽车里做什么呢?

可以休息。未来的车辆可配置能够方便平躺的各种各样的舒适座椅，也可配置遮光的特殊窗户，为乘员创造适宜的休息环境。

可以工作。可以将车辆打造成为小型移动办公室，成为一个独立且安静的办公场所。乘员可以在车内利用电脑网络处理文件，参加远程视频会议等。

可以看电视或看电影。可以利用车载屏幕看电视。如果感觉车内屏幕尺寸太小不满足使用要求，可以选择将前挡风玻璃设计成能投影的大屏幕，以方便看电影。

可以玩游戏。未来车辆内部可配备大屏幕，供乘员玩游戏。乘员也可以戴上 VR 头盔，在自己的世界里尽情地享受科技带来的愉悦。

可以进行社交和学习等其他事务。未来车内将配置可旋转座椅，乘员可面对面地交谈。可以讨论工作，可以举办派对，也可以参加培训项目、进行学习和深造。

9.2.2 自动驾驶的大规模应用将给人们的生产和生活带来极大的便利，产生巨大的经济效益和社会效益

第一，自动驾驶汽车的安全性大大提高，道路交通事故和人员伤亡数量会大幅降低。不需要人类进行驾驶的高级别自动驾驶汽车可避免很多由于驾驶员的失误而造成的交通事故（如由酒后驾车、恶意驾驶等行为引发的事故）。

第二，自动驾驶汽车可以缓解交通压力。由于交通事故少了，因事故而发生的交通拥堵现象就会大大减少。另外，在以 Robotaxi 为主体的出行方式形成后，车辆以共享出行为主，汽车总体保有量会明显减少。而且，自动驾驶汽车还可通过卫星导航获取最佳行驶路线。斯坦福大学计算机专家、谷歌自动驾驶汽车项目前专家塞巴森·特隆（Sebation Thrun）表示，一旦自动驾驶汽车成为主流，公路上只需要当前汽车数量的 30% 就够了，汽车通行效率的提升以及数量的减少可以大大缓解交通压力。

第三，自动驾驶汽车的普及将减少温室气体的排放量。由于汽车的数量少了，且自动驾驶汽车可以通过其控制系统找到最优的加速、制动、减速方式，从而有助于减少能源消耗和碳排放。

第四，让人们拥有了更多的自由时间。麦肯锡公司估计，完全自动驾驶汽车每天能够为全世界的司机们节省总共高达 10 亿小时的时间。

第五，自动驾驶汽车将使老年人、残疾人、没有驾照的人以及没有汽车的人的移动出行能力得到提高，他们可以实施各种旅行计划。这有助于推动社会福利事业发展，有助于实现共同富裕。

第六，自动驾驶的普及，将使停车场资源不再紧张，城市土地将得到更有效的利用。这是因为，汽车总体保有量明显减少后，对于停车的总体需求

会大幅下降，从而对停车场的需求也会大幅下降。而且，在被送达目的地后，车主可以不必寻找停车位了，车辆自己会找到合适的停车位。停车场资源不再紧张，原来用于停车场建设的场地可被改造为居住空间或公共活动场所，城市土地能够得到更有效的利用。

9.2.3 无人驾驶出行服务将颠覆现有的交通出行方式，重塑汽车产业商业模式

Robotaxi 将彻底重构人们的出行需求、出行服务业运营模式和汽车产业成本结构。一方面，Robotaxi 将彻底改变出行服务行业，将它从运输服务提供者，变成一个连接无数外围应用的能提供个性化服务的中枢平台，汽车就成为继电脑和手机之后的第三个智能移动终端。另一方面，当 Robotaxi 实现时，与当前主流的网约车相比，去除了驾驶员，乘客的使用成本大幅降低。由于可以不用一次性投入巨资购车，还可免去停车麻烦和停车费用支出等，越来越多的人将不再需要购买汽车，汽车的主要购买者将变成出行服务企业，整车制造厂将变为出行服务企业的供应商，共享化将成为用车主流，汽车产业的发展逻辑将从做好一个汽车产品向提供好出行服务转变。

那时，能够为消费者出行提供良好体验的出行服务企业将根据市场需求，从后端向前端整合产业链上下游资源，进而占据产业链的核心位置，成为汽车产业的主导力量。

9.2.4 智能网联汽车产业将与智慧交通和智慧城市融合发展

智能网联汽车在成为“聪明”的工具之外，还将会被赋予车辆以外的属性。电动化的汽车不仅可以使汽车变得更加环保，还具有能源储备的功能。随着电动汽车数量的增加，汽车也被认为是移动的储存能源的基础设施。汽车智能化给了汽车“智能”属性，在其承担运输功能的同时，还可承担与生活相连的很多事情，将成为新的移动生活空间。汽车网联化把汽车变为新时代的网络节点，变为一个可以移动的、有着大量信息和足够传输能力的节点，把人们与交通连接在了一起。因此，未来的智能网联汽车既是汽车智能技术的应用载体，还是交通、能源、网络等新型或者相关基础设施智能化、数字化相融合的载体，是一个系统化和集成化的智能载体，是智能交通、智慧城

市实现融合的关键节点与抓手。

智能网联汽车与智能交通、智慧城市的融合将打通客流、物流、能源流和信息流，实现汽车与城市、交通、能源互联互通，实现城市中产业布局、事业发展、市民生活、政府服务的有效布局与完善，促使城市运行效率提升与节能减排，带动城市实现转型发展的目标。

总之，智能网联汽车将成为智能交通的终端平台、智慧生活的连接平台、电力能源的存储平台以及动态物理空间的移动解决方案，通过与智能交通、智慧城市融合发展，推动能源革命、信息革命、交通革命和智慧城市建设，在较大程度上解决交通、能源、城市建设、环境保护等长期困扰人们的痛点和难点问题，为人类创造一个更加美好的未来。

聚焦五大关键要素 推进协同创新 提升北京智能网联汽车产业整体竞争力

当前，以智能化、网联化为重要特征的全球新一轮科技革命和产业变革正蓬勃兴起，人工智能与新一代信息技术的快速发展将推动人类生产、生活方式发生深刻变化。智能网联汽车作为人工智能、信息通信、大数据、云计算、物联网等新技术的最佳应用平台之一，已成为最具发展活力的引领性产业，是全球新一轮新兴产业发展变革的关键着力点和战略制高点。为赢得智能网联汽车产业发展先机，北京应深化践行车路协同技术路线，聚焦“车、路、云、网、图”五大关键要素，推进协同创新，引导形成研发、生产、服务、应用的良性互动，提升北京智能网联汽车产业整体竞争力，为建设国际科技创新中心和全球数字经济标杆城市提供新动能。

一、智能网联汽车产业发展态势

智能网联汽车产业具有广阔的市场前景和巨大的增长潜能。麦肯锡预测，到 2030 年 L2 级别及以上汽车占比将达到总量的 70%。[①] 华为预测，到 2030 年全球自动驾驶新车渗透率将达到 10%，而中国将高于 20%。[②]

---

① 麦肯锡《全球智能网联汽车产业发展趋势》，中国车谷 2021 智能汽车产业创新论坛。

② 见《华为：预计到 2030 年中国自动驾驶新车渗透率将高于 20%》。

（一）汽车强国加速布局，智能网联技术快速演进

战略布局上，早在 1992 年美国就制订了《智能车—高速路系统战略计划》，1996 年日本公布了《智能交通系统（ITS）全体构想》，2019 年欧盟公布了《网联式自动驾驶路线图》，同年英国公布了《2030 英国网联和自动化出行路线图》等。[①] 法律法规和标准制定上，美国已有 30 余个州颁布自动驾驶相关法律和行政命令，Nuro 公司开发的无人驾驶配送车辆取得了豁免资格；2019 年欧盟批准了《自动驾驶汽车豁免程序指南》；日本、新加坡、澳大利亚等国家已突破道路交通法等相关法律对自动驾驶的限制。[②] 美国、欧盟、日本等发达国家和地区围绕 ADAS 标准、网联化标准进行了积极探索。技术研发上，英伟达[③]公司推出新一代架构的 Ampere GPU 和 DRIVE Pegasus Robotaxi 自动驾驶平台，算力最高提升至 2000 TOPS（万亿次运算/秒）。奥迪、通用、特斯拉、谷歌等国际一流车企和互联网企业在自动驾驶技术方面引领全球。

（二）网联化和车路协同发展成为国际共识

单车智能与车路协同是实现无人驾驶的两条技术路线，随着对单车智能局限性认识的深入，各国都加强了网联式自动驾驶的研究和部署，网联化和车路协同的技术路径已成为国际共识。美国在 2015 年发布的《美国智能交通系统（ITS）战略规划（2015—2019）》中就部署了网联汽车测试项目，制定了项目路线图，投入 4500 万美元在纽约市、怀俄明州和坦帕三个地区开展试点。2019 年欧盟发布了《网联式自动驾驶路线图》，将网联式自动驾驶纳入顶层规划，推动自动驾驶技术向网联式协同决策方向发展。但需要注意的是，欧盟只是将基础设施以及网联化作为自动驾驶的支持手段，未涉及智能化与网联化的深度耦合，没有将基础设施网联化作为自动驾驶的必要条件，要求

---

① 我国在 2016 年发布的《节能与新能源汽车技术线路图》中才首次提出网联化和智能化分级，落后最早提出智能网联汽车发展战略的美国 20 多年。

② 我国公安部于 2021 年 3 月发布了《道路交通安全法（修订建议稿）》，修订自动驾驶汽车道路测试与通行的相关要求、违法行为和事故责任认定。

③ 英伟达（NVIDIA）是总部位于美国加州的人工智能计算公司，该公司重新定义了现代计算机图形技术，彻底改变了并行计算。2020 年 7 月，英伟达首次在市值上实现对英特尔的超越，成为美国市值最高的芯片厂商，站上美国芯片企业市值第一的位置。

自动驾驶汽车必须能够在非智能化道路上行驶。

（三）传统车企加速转型，推动智能化发展

随着L2级别辅助驾驶功能的大规模实现，全球三大传统汽车整车企业（大众、梅赛德斯－奔驰、丰田）和最大的汽车电子供应商（博世）将目光瞄准L3级别、L4级别自动驾驶的产业化，关注操作系统、电子电气架构、软件架构等核心技术和软件定义汽车等新理念，加速企业转型。大众汽车开发了E3电子电气架构、vw. OS操作系统，成立了汽车软件开发部门Car. Software，打造服务大众、奥迪、保时捷等乘用车的统一软件平台。梅赛德斯－奔驰发布了MB. OS操作系统，计划自建软件团队以替代外部供应商，计划在2024年前MB. OS覆盖所有梅赛德斯－奔驰新车。丰田重组TRI－AD，成立Woven Planet公司，专注于开发自动驾驶、汽车操作系统以及高精度地图等软件业务。博世宣布建设智能驾驶与控制事业部，从2021年开始为客户提供电子系统和软件服务。

（四）市场化应用提速，商业模式进一步明晰

当前，智能网联汽车正处于从研发、测试示范转向应用生态系统建设的新阶段，商业模式探索不断深化。Robotaxi成为行业落地焦点。Waymo公司已经在美国凤凰城启动无安全员的Robotaxi服务。Waymo与雷诺合作在巴黎戴高乐机场和拉德芳斯之间推出自动驾驶出行服务，为2024年法国奥运会做准备。美国等部分国家的无人驾驶物流配送商业化应用落地。美国允许部署10001磅以下的自动驾驶卡车、物流车合法提供无人货物配送服务。德国允许高度或全自动驾驶系统代替人自主驾驶。沃尔沃自动驾驶重卡Vera已在瑞典哥德堡开展从物流中心到码头的集装箱运输业务；在挪威Kalk矿场开展从露天矿区到附近港口的转运业务。

二、推进协同创新，提升北京智能网联汽车产业整体竞争力

智能网联汽车与交通、信息通信等领域加速融合，推动汽车产业形态、

交通出行模式和社会运行方式发生深刻变革。北京应紧紧围绕“车、路、云、网、图”五大关键要素，推进协同创新能力建设，形成研发、生产、服务、应用的良性互动，提升北京智能网联汽车产业整体优势，推动智能网联汽车产业加速发展。

（一）加强核心技术攻关，打造“聪明的车”技术创新策源地

1. 加强技术协同创新，提升自动驾驶技术能力

依托国家智能网联汽车创新中心、北京智能车联产业创新中心等创新平台，协调整车企业、零部件企业、ICT 企业、互联网企业、科研院所等优势资源，研究自动驾驶计算体系架构，推进“汽车大脑”生态建设。支持中科寒武纪、地平线科技、百度、360 等企业强化车规级智能计算芯片、操作系统、计算平台、信息安全等核心技术攻关，培育一批达到世界先进水平的解决方案和设计提供商。

2. 鼓励车企加快智能化转型

鼓励北汽集团等传统车企加强与百度、华为、中科寒武纪、恒润科技等 ICT 企业加强合作，不断提升新车的智能化水平；支持理想、小米等造车新势力创新设计制造模式，加快量产 L3 级别、L4 级别新车。推动北汽集团等整车企业与百度等互联网公司、滴滴服务等平台之间的竞合生态建设，构建个性化定制、网络化协同的智能制造产业链。发挥北京智能网联汽车政策先行区优势，助力北汽福田智能网联商用车开展干线物流高速自动驾驶高速公路测试以及商业模式探索。

3. 提升智能核心零部件研发制造能力

支持北京海纳川、中航汽车等传统零部件厂商加快智能化转型，加强对车规级高精度视觉传感器、毫米波雷达、激光雷达、线控底盘、智能座舱等核心芯片、零部件等关键环节、薄弱环节攻关。充分发挥北京证券交易所融资平台作用，为智能零部件中小企业的发展创造更好的资本市场环境。加快制定智能核心零部件精准支持政策，培育一批专精特新“小巨人”企业，吸引全球优势产业和技术资源在京布局，推动一批“补链”“强链”项目落地和建设。

（二）推进城市智慧道路建设，支撑车路协同发展

1. 发挥5G和北斗导航优势，大力发展以车路协同为核心的智能路网技术

发挥北京智能交通、北斗导航、位置服务的技术优势，进一步突破交通状态精细化感知技术和多源交通数据融合技术，建立“车基—路基”全域感知的技术体系。

2. 稳步推进智能网联化城市道路建设

加快推广高级别自动驾驶示范区建设成果，有序推进车路协同的路网建设和改造，在全市应用推广一批成熟的智能路网技术和产品。优先推进北京平原新城城市道路、五环路和六环路的智能路网改造，到“十四五”末，全市完成1000千米智能网联化道路建设。探索智慧基础设施市场化建设运营模式。

（三）加快“交通云”建设，保障超大城市智慧出行

1. 建设国内领先的交通大脑

整合北京交通大数据资源，建设城市交通大脑，加快推进交通信号、交通组织和交通诱导三大城市交通精细化管理功能落地。强化大规模智能网联汽车云接入、云服务共性关键技术攻关，推进津冀与北京协同的城市交通智慧决策云平台建设，提高京津冀区域道路通行效率和安全性。

2. 完善智慧出行服务体系

鼓励滴滴、首汽集团、易到用车等出行服务商聚焦典型应用场景，提升智慧出行服务能力。大力发展出行综合信息服务产业，提高出行效率，加强信息监控环境建设，提升市民高效便捷、安全出行的获得感。突破智能网联汽车高效服务技术，试点新一代出行服务模式，培育面向未来的智能交通出行新业态，完善智慧出行服务体系。

（四）织密车联网，助力车辆“耳聪目明”

1. 加快智能网联通信基础设施建设

车联网是使“聪明的车”变得更聪明的重要保障，如果没有畅通的车联网支撑，车辆的能力将会大打折扣。为此，应加快北京全域5G车联网建设，

形成连接车与云的车联网服务能力。支持中国移动等网络运营商、大唐电信等设备提供商和中国信息通信研究院等科研院所强强联手，形成智能网联汽车车内网、车际网和互联网互联标准。支持大唐电信、新岸线、北京海纳川、经纬恒润等企业开展5G车联网芯片、通信基站、路侧单元、车载终端等联网关键设备的研发与产业化。

2. 发展综合应用，提升车联网市场渗透率

探索通过财政补贴数据流量的方式，鼓励发展车联网用户，提高智慧出行车联网应用黏性。鼓励智驾出行、彩虹无线、联华思创等数据增值服务商发展智能网联汽车实时在线监测系统和大数据分析能力，推广车路交互信息服务的规模应用。推动事故预警和协同控制技术的应用，提升交通安全与拥堵主动调控能力，建立基于网络的汽车设计、制造、服务一体化体系，实现基于大数据平台的个性化汽车服务的规模应用。强化交通信息安全部门与360等本土数据安全企业的合作，建设自主可控的安全管理体系与防护机制，构建智能网联汽车、车联网数据和网络的全要素安全检测评估体系，提升隐患排查、风险发现、应急处置水平。

（五）建设高精度地图基础平台，保障地图更加精准

1. 建设高精度动态地图基础数据平台

高精地图是无人驾驶领域的必备组件，在整个领域扮演着重要角色。为满足智能网联汽车高级自动驾驶对高精度地图的刚需，加快整合百度、高德、四维图新等地图服务商以及汽车厂商、零部件供应商、基础设施供应商、科研院所、交通管理数据资源，推动北斗高精度定位、多源辅助定位及相关新型定位定姿技术的深度融合，建设高精度动态地图基础数据平台。支持百度、高德、四维图新等地图服务商基于地图基础数据平台，开展个性化深度处理和自定义应用。

2. 大力发展高精度地图产业

支持高精度地图理论研究，建设包括动态数据采集、大数据处理、数据测试认证、数据加密等在内的高精度地图产业生态体系，形成高精度三维地图自动化、标准化生产能力，推动地图数据快速更新和精准发布，实现高精度地图的多领域应用。推动促进高精度地图发展的相关政策创新，加快高精

度地图产业链生态建设，夯实北京地图产业在智能网联汽车时代的领先地位。

（六）丰富示范应用场景，加速核心技术攻关落地

1. 扩大应用示范并推动商业化落地

按照“先五环外后五环内、先特定区域后一般区域、先夜间后白天、先物流车作业车后载人车”的渐进式原则推进商业化规模化应用。围绕北京环球影城、大兴机场、首都机场等特定场景需求，开展无人零售车、自动驾驶环卫车、自动驾驶微循环接驳车、自动驾驶出租车等测试与示范运行。鼓励在首钢工业旅游区、798 艺术区等特定产业园区内开展无人物流配送、无人清扫环卫、自动驾驶通勤接驳等自动驾驶新技术应用。

2. 探索自动驾驶汽车商业落地规则，鼓励无人驾驶汽车的测试、试点与商业运营

在北京自动驾驶汽车道路测试与示范应用、试点运营的基础上，充分利用北京智能网联汽车政策先行区优势，加快制定并持续完善自动驾驶汽车（含无人驾驶）商业运营相关的制度规则，包括自动驾驶系统安全标准、产品准入与豁免、保险与责任、数据保护等，打造自动驾驶技术发展与产业应用高地，助力我国交通强国建设。持续推进无人驾驶的自动驾驶汽车的测试、试点与商用等工作。

（七）优化智能网联汽车产业发展的体制机制

1. 完善政府部门的发现机制

智能网联汽车产业链条长、涉及面广，各类信息错综复杂。充分发挥北京科学技术研究院科技情报专业机构的作用，加快建设北京智能网联汽车产业信息监测平台，及时掌握北京智能网联汽车产业各环节重点企业研发、生产动态，为完善北京智能网联汽车产业发展政策提供精准的情报。完善《北京市科学技术奖励办法》，在奖项设置上向智能网联汽车领域适度倾斜，激励北京智能网联汽车技术不断突破。

2. 建立联席会议制度，完善协同创新体系

由北京市经济和信息化局牵头，建立覆盖北京车企（北汽集团、理想、小米等）、高校科研院所、智能网联汽车研究平台（国汽智能网联汽车研究

院、北京智能车联产业创新中心等）的智能网联汽车产业月度联席会议制度，聚焦“车、路、云、网、图”五大关键要素，深化政产学研合作，推进协同创新，提升北京智能网联汽车产业的整体竞争力。

3. 营造良好的产业发展生态

降低准入门槛，支持满足污染排放及制造业相关标准的整车企业及重要零部件企业在北京落户，取消严苛的但实际上初期不可能达到的产出率考核要求。优化资源利用，有效盘活工业大院等低效工业用地，助力汽车产业发展；进一步优化户籍政策和保障性住房政策，探索设置智能网联汽车等高精尖产业人才户籍计划单列指标、保障性住房支持政策等，弥补北京制造业发展的成本劣势。发挥基金引导作用，助力创新成果落地产业化。充分发挥北京科创基金和产业基金引导作用，助力北京智能网联汽车产业上、中游各环节的科创成果（如小马智行的智能驾驶系统）加快落地孵化转化，建设智能网联汽车科技创新策源地和产业孵化基地。创新税收分享机制，强化京津冀区域智能网联汽车产业协同发展，推动京津冀区域优化智能网联汽车产业链布局，引导北京智能网联汽车产业外溢创新成果在津冀地区落地产业化。

（执笔人：马晓春　刘沛罡）

把握大势　紧抓机遇　加速推进
北京智能网联汽车商业化

随着新一代信息技术的不断突破，汽车产业加快向智能网联方向发展，已进入转型升级的战略机遇期。当前，智能网联汽车产业化进程加速，智能网联汽车已经走出实验室，处于L2级别商用落地发展阶段，高等级自动驾驶也已经开始走向公开道路实际测试与商业化示范，各大车企竞相布局、抢占战略制高点，汽车产业生态和格局正加速重构。智能网联汽车是可预期的未来产业，也是北京市的支柱产业，"十四五"规划提出培育万亿级智能网联汽车产业集群，在信息技术加速迭代、汽车消费升级加快、自主品牌不强的背景下，应把握智能网联汽车发展大势，抢抓机遇、紧跟浪潮、提升优势、优化布局，更加注重政策创新和应用场景支持，加快推进智能网联汽车商业化落地，努力实现在全国乃至全球汽车产业新生态中的领跑。

一、把握北京智能网联汽车商业化发展趋势

智能网联汽车是汽车、电子、信息通信、道路交通运输等行业深度融合的新型产业形态，参与者包括整车厂、互联网公司、ICT企业、零部件供应商、研发机构和政府等。从产业链结构来看，上游主要包括感知系统、控制系统、通信系统等方面的设计制造商；中游主要是执行系统和整车制造商；下游是提供开发测试和运营服务的企业。随着普通用户对自动驾驶的接受程度越来越高，智能网联汽车加快发展，北京汽车产业处在难得的机遇期。

（一）智能网联汽车是产业竞争焦点，互联网企业踊跃入局，传统车企蓄势待发

当前，新一代信息技术与制造技术深度融合，汽车从单纯的交通工具向移动存储单元和数字空间转变，由典型的机械产品逐步演变为机电一体化、智能化和网联化的高科技产品，呈现出与电子、信息等相关产业紧密相连、协同发展的趋势。国内小米、华为等嗅觉敏锐的互联网科技公司、初创公司闻风而动，在这场席卷全国的智能网联汽车发展浪潮中踊跃布局。以奔驰为代表的传统车企积累了大量智能网联技术，也不甘示弱，纷纷步入赛道，但依靠其多年积累的口碑和品牌影响力，仍然以传统车型为主，推出智能网联爆款车型较少，互联网属性相对较弱，观望大于行动，处于蓄势待发状态。

（二）汽车产业生态体系加速重塑，打造京津冀区域供应链意义重大

当前，新技术与传统汽车产业加速深度融合，汽车企业的设计、生产、组织形式和供应链模式发生了根本变化，汽车产业的生态体系加速重塑。智能座舱、智能互联、高级驾驶辅助系统（ADAS）等成为新车标配，“软件定义汽车”成为智能网联汽车时代的显著特征，汽车、能源、交通、通信等多领域主体正加入智能网联汽车生态体系之中。汽车产业具有规模经济、集群布局的典型特征，产业链长且不断延展，通常仅在主机厂装配的汽车零部件数量就超过 1500 个，所有散件总和一般在 1 万 ~2 万个。北京须抢抓汽车产业转型升级窗口期，聚焦汽车电子未来发展的关键领域以及北京在汽车电子产业链中的优势环节，顺应新型汽车电子电气架构加快部署趋势，统筹谋划整体产能的错位布局，强化京津冀区域内零部件配套能力，推动构建京津冀区域协同发展体系。

（三）北京智能网联领域优势不稳，须加快实现商业化、抢占行业制高点

智能网联汽车正在成为汽车产业发展的新引擎，借助强大的创新资源，北京在感知算法、AI 芯片设计、车联网通信、自动驾驶解决方案等方面全国

领先，汽车产业在智能化、网联化上有一定优势，但技术和产业层面的优势并不稳固，窗口期非常短，可能只有1~2年。再加上北京汽车产业过于依赖合资品牌，以北京奔驰和北京现代为代表的汽车产业构成了北京汽车产业的主体，而市属龙头企业北汽集团转型较慢、销售下滑、口碑有所下降，北京汽车要想实现真正意义上的超越，只有在这3~5年的时间里，快速放大优势，才有可能在智能化这个新赛道上领跑。智能网联汽车商业化是抢占行业制高点的先手棋，北京须下好这个先手棋。

（四）智能网联汽车进入测试验证和商业化试运营阶段，大规模商业化运营任重而道远

一般来说，智能汽车的发展经历初级智能化、智能驾驶和整车智能化三个阶段。[①] 现阶段，汽车智能网联主要体现在高级驾驶辅助系统和车载信息娱乐系统，L2级别自动驾驶汽车正处在商业化落地发展阶段，市场渗透率和应用规模较小；L3级别、L4级别及以上等级自动驾驶仍以试验和区域性示范为主，运行场景有限，高等级自动驾驶研发投入及商业化验证主要聚集在智慧园区/示范园区、港口、码头、停车场等限定区域应用场景，以及商用车物流、自动泊车等细分领域，低成本自动驾驶解决方案以及可弥补真实道路测试验证的自动驾驶仿真测试需求凸显。为了加快推进智能网联汽车商业化落地，北京在经开区、顺义区、海淀区等区域建立了智能网联汽车相关示范区，应用场景不断丰富，以百度、小马智行等为代表的企业开展自动驾驶测试验证和示范应用，在经开区开始免费试运行无人驾驶出租车，首钢园已面向公众开放Robotaxi商业运营。同时，在物流配送、环卫等领域已经实现率先部署。但一个新业态的成熟，除了需要解决技术问题，还需解决包括产业政策、数据安全、商业模式、社会认知、法律法规、伦理道德等多方面的问题，智能网联汽车大规模商业化运营还有很长的路要走，需从本质上提升自动驾驶的能力。

---

① 经历三波发展浪潮：第一波是初级智能化，发生在座舱领域，它的特征是以语音识别为基础，解决人机交互的问题；第二波是正在进行的智能驾驶，它的技术核心是以激光雷达、摄像头为基础的多传感器融合的AR识别技术，目前已经具备了规模量产的条件；第三波则是整车智能化，这一阶段会有语义智能化等，不仅涉及视觉和激光雷达的感知，可能还会加上语义综合智能化。

二、关注智能网联汽车商业化存在的问题

智能网联汽车尤其是高度自动驾驶（HA）级智能网联汽车还缺乏清晰的商业化落地条件。具体来说，主要表现在以下几个方面。

（一）智能网联汽车起步晚，入网少、效益不明显

一是智能网联汽车还处于起步发展期，话语权争夺激烈，产业发展呈现诸侯割据局面。汽车产业虽然已经有一百多年的历史了，但围绕数据、网联、人工智能等技术进行的产业创新才刚刚起步。同时，软件定义汽车是产业变革的必然趋势，但具体的发展路径和时间进程尚不清晰。当前，传统的整车总装厂商和软件厂商处于争夺话语权的关键期，例如，上汽集团的董事长明确表示不能接受与华为等第三方公司合作自动驾驶，认为那样上汽集团就没有了灵魂。目前，整车企业拥有很强的话语权，希望掌控软件方面的主导权，未来一段时间产业发展将会呈现诸侯割据的局面。

二是网联融合应用不充分、城市环境下规模化示范探索不足，缺乏重量级的应用场景。目前，社会道路的完全无人驾驶离商用化还有距离，DA（辅助驾驶）级、PA（部分自动驾驶）级辅助驾驶和特定场景的 HA、FA（完全自动驾驶）无人驾驶技术已经成熟，具备商用化条件，但测试示范应用不够，大规模应用不足，特别是智能网联价值的发挥需要一定规模的车辆入网渗透率，而智能网联还没有成为车企刚需，公众对智能网联汽车的认识还不够，车企和消费者缺乏使用主动性。

三是智能网联汽车测试难问题尚未解决，异地互认存在壁垒。测试验证是智能网联汽车实现商业化落地前需要跃过的“最后一道门槛”。与传统汽车测试不同，智能网联汽车在自动驾驶过程中存在很多不确定性，各种变量的存在加大了测试验证的难度。当前，各封闭测试场的建设水平差异较大，部分为升级，部分为新建，部分场地重点场景不够健全，真正融合到具体路段中的、可用于测试的坡道、隧道、S 弯道的封闭测试场不足，特别是智能网联汽车具有人、车、路耦合的特性，网络、算法、软件在实际功能和性能中占据主导因素，测试场景无法穷举，因此测试结果的精准度难以保证，也就很

难达到令人满意的置信程度。同时，智能网联汽车测试异地互认还没有实现，多地重复测试增加企业成本，现有的异地互认只存在于部分企业之间，属于企业自发行为。

四是自动驾驶牌照发放数量有限。企业普遍认为自动驾驶领域货运车将优先小客车实现大规模商业化，但自动驾驶货运车上路运营牌照数量有限，自动驾驶客车运营牌照还没有发放。某品牌汽车反映，北京实施试验车临时牌照管控，牌照发放数量相对较少，对于研发阶段的样品车无法开展公开道路试验，导致产品不能针对道路情况做出适应性调整。

（二）智能网联汽车两条技术路线同步探索，还处于技术验证迭代阶段，技术路线不确定性影响商业化

一是单车智能①和车路协同②两条技术路线孰优孰劣尚存争议，自动驾驶商业化任重而道远。目前实现无人驾驶有单车智能和车路协同两种主流的解决方案，但尚处在“百家争鸣”阶段，没有形成一套具备行业共识的战略路线和顶层设计方案。如小马智行走的单车智能路线，单车智能化渗透率正在快速提升，但安全问题是最大制约，头部企业还有很多长尾问题没有解决；百度走的是车路协同路线，但对道路基础设施要求高，投入成本大。智能网联汽车的最终发展方向还需时间和市场的检验。

二是智能网联汽车还处于技术早期实验阶段，复杂场景下的技术突破还需持续发力。无人车在混乱的城市内部环境中仍然无法正常行驶，对社会经验常识的综合判断和逻辑推理，比如对行人的手势、语言、神态的理解等，都需要进一步加强技术突破。人工智能技术成熟度和稳定性还需提升，以确保能够准确识别道路上的每一个障碍物，能够提前做出预测，快速做出最佳

---

① 自动驾驶指车辆主要依靠人工智能、视觉计算、雷达和全球定位及车路协同等技术，使汽车具有环境感知、路径规划和自主控制的能力，能够让计算机自主操控车辆，在不受任何人为干预的情况下自动安全地驾驶。单车智能自动驾驶的环境感知是通过车上安装的传感器完成对周围环境的探测和定位功能。

② 车路协同自动驾驶是在单车智能自动驾驶的基础上，通过先进的车、道路感知和定位设备（如摄像头、雷达等）对道路交通环境进行实时高精度感知定位，按照约定协议进行数据交互，实现车与车、车与路、车与人之间不同程度的信息交互共享（网络互联化），并涵盖不同程度的车辆自动化驾驶阶段（车辆自动化），以及考虑车辆与道路之间协同优化问题（系统集成化）。

的应对，保障绝对安全。此外，技术构建体系、标准协议、网络数据安全等多方面需要进行技术攻关和迭代验证，部分关键核心技术缺乏、基础技术落后、基础器件受制于人。

（三）智能网联汽车配套路侧设施投资大、收益少，基础设施还不完善

一是高等级智能化道路缺乏。目前，北京市在经开区等区域已经规划建设了一批自动驾驶封闭测试场、开放测试道路。如经开区已开展 1.0 阶段建设，部署了 12 千米城市道路、10 千米高速公路和 1 个自主代客泊车（AVP）停车场的智能化基础设施。但这些都还处在小范围测试验证和应用示范阶段，道路的感知定位、车路信息交互等方面的能力还不能满足自动驾驶的需求，更不具备协同决策或协同控制的能力，难以满足高等级自动驾驶对数据精度、数据质量的要求。

二是路侧设施投资主体缺乏。车路协同需要大量的基础设施的投入。路侧设施主要包括多感合一的摄像头、激光雷达、毫米波雷达、路侧通信终端、边缘计算单元等。目前，投资主体缺位，政府投不起，企业不愿投、缺乏动力。如不包括施工安装费等其他费用，仅设备投资，经开区 12 千米城市道路投资 5000 万元，10 千米京台高速投资 2500 万元，每千米投入分别为 417 万元、250 万元，且全部由政府资金投入（见表 1）。同时，企业商业逻辑不清晰，缺乏终端商业模式，投资模式还在探索过程中。路和车存在博弈，只有道路设施建成后，对于车辆才有价值，存在“车等路”情况；道路改造又需车辆付费支撑道路建设，存在“路等车”的问题。

表 1　经开区路侧设施改造里程及投资情况

类别	里程（千米）	设备投资（万元）	每千米设备投资成本（万元/千米）	投入主体
城市道路	12	5000	417	北京开发区城市运行局
高速公路	10	2500	250	北京车网科技发展有限公司

三是高精度地图体系尚不具备。高精度地图是自动驾驶的重要支撑，要求数据实时更新，要求道路信息、车道信息、三维结构物等信息更新周

期小于 1 个月；交通管制、道路施工等信息的更新周期要小于 1 小时；周边车辆、行人信息等实时高效精度数据的更新周期要小于 1 秒。但当前数据管理和数据丰富的要求之间有矛盾，现有地图审核模式不能满足高精度地图需求，与普通导航地图相比，审核自动驾驶地图，需要从审核人眼识别的地图转化为审核机器读取的不可视数据，而且是具有更丰富的要素、更快的更新频次的数据。此外，地图加密技术尚未突破，自动驾驶地图需要研究在线加密技术，加密数据需要从二维扩展至三维，精度诉求为厘米级。

（四）商业化应用涉及部门多，管理协调难度较大

一是商业化应用需要强化多部门协同管理。新业态的成熟涉及监管的调整和完善，而与智能网联汽车落地应用相关的商业模式包括提供技术方案、提供硬件产品、提供软件产品、提供平台服务、提供数据增值服务以及车队运营六大类。智能网联行业需要“车、路、云、网、图”协同配合，行业跨度广、管理部门多、协调难度大，商业化对传统管理提出挑战。当前各自为政的管理体制，与一体化的道路交通软硬件支持条件的要求不相匹配，智能网联汽车监管还需要提前谋划。

二是价格收费听证还处于准备阶段。Robotaxi 是智能网联汽车的主要应用场景之一，大面积地在市场推行自动驾驶出租车还需要经历一系列的行政程序，定价是其中重要的一环。目前，Robotaxi 处在商业化运营试点阶段，亟须加快政策突破步伐，率先履行相关政府程序，允许并合理安排自动驾驶收费标准。相比来说，深圳市已经先行一步，经历过前期的路测和示范应用，通过立法出台《深圳经济特区智能网联汽车管理条例》，自动驾驶 Robotaxi 开启混行收费。

（五）大规模商业化存在制度障碍，部分法规束缚产业发展

一是顶层设计方面，缺乏重大行动计划支撑、部分法规束缚产业发展。历史经验表明，颠覆性的科技创新会受到传统观念、既定规则的排斥和制约。当前，智能网联汽车相关政策制定、法律法规修订、隐私权保护和网络信息安全工作还需进一步跟进。有关人员伤亡、财产损失责任承担的相关规定，

纠纷解决机制还没有建立，自动驾驶保险机制还不健全。《中华人民共和国网络安全法》中未专门针对自动驾驶汽车设置网络信息安全规范，网络安全问题亟待解决，信息安全保障亟待加强。

二是深圳、上海加速追赶，北京自动驾驶政策开放步伐还需进一步加大。新技术的发展一般都超前于政府管理政策的制定，导致新产品应用推广存在一定的障碍期。北京设立自动驾驶政策先行区具备一定先发优势，但也要看到，深圳、上海等地有赶超趋势，自动驾驶政策开放力度更大、步子更快，北京亟须在自动驾驶测试先行先试、新产品新技术准入、智能网联汽车数据跨境流动等方面率先进行规范和引导。比如，机动车产品进入市场实行的是准入管理制度，智能网联汽车无相应准入标准，就无法列入汽车产品目录、无法销售，无法注册登记，也无法像传统汽车一样上路行驶。此外，智能网联汽车相关标准很多目前尚属空白，北京亟须加快探索和实践。

三、发挥“头雁效应”，加快推进智能网联汽车商业化

大规模商业化落地是下一步智能网联汽车发展的重点，北京须立足数字经济标杆城市建设和国际科技创新中心建设，以时不我待的紧迫感，抓住汽车行业“恰逢其时”转型升级窗口期，充分发挥政策和技术优势，坚持“创新驱动、市场主导、逐步推进、安全可控”的原则，按照“整合资源、系统布局、场景支持、优化环境”的整体思路，推进高级别自动驾驶场景规模化应用，完善全链条产业布局、形成体系化制度供给，加快推进智能网联汽车产业商业化发展。

（一）加大场景支持，打造更加泛在的智能网联汽车应用场景

1. 加快开展智能网联汽车基于多场景、大规模的示范应用

研究出台加快智能网联汽车应用场景建设方案，进一步加快智能网联汽车在工业园区、仓库、港口、干线物流、公交、环卫、末端配送等多场景下进行示范应用；在示范的基础上，总结经验，形成可复制、可推广的经验做法，依托丰富的城市道路交通场景，探索解决产业化过程中的关键问题。对于示范车辆行驶里程累计达到1000千米以上的运营主体，根据示范应用效果

给予一定的资金支持。放开高速公路相关限制，支持高级别自动驾驶率先在货运场景应用。布局智慧出行、智慧交通等场景，开展城市级智能汽车大规模、综合性应用试点，完善智能网联汽车测试验证环境，加快 5G－V2X 示范应用。

2. 推动自动驾驶在城市副中心等重点场景的示范应用

智能网联汽车大规模商业化离不开“高含金量”的场景条件。总结北京冬奥会自动驾驶服务经验，以副中心为契机，推进智能网联汽车的示范应用，构建覆盖从仿真测试、道路测试、特定场景示范到大规模城市级综合应用的多层次立体式示范体系。鼓励小马智行、百度等有潜力的自动驾驶企业参与重大国际活动的运输服务，如 VIP 接驳、奥运物资运输等，展示北京高科技形象，推动北京自动驾驶企业走向世界。

3. 纵深参与智慧交通体系建设

按照逐步推进原则，持续丰富自动驾驶开放测试道路场景，加大在海淀区等重点区域 5G 车联网路侧基础设施部署范围，建设云平台，选择特定区域、特定线路，加强路侧智能基础设施改造，试点定制公交、快速公交开展自动驾驶，促进智能交通和智能汽车融合发展。以自动驾驶开放测试道路、物流运输、智慧轨道交通建设与运营等重大场景为牵引，推动自动驾驶、智能高铁、智能邮政等的示范应用，打造泛在的智能网联汽车应用场景。

（二）加强新业态培育和运营，加速推进智能网联汽车商业化

1. 探索培育多类型智能网联汽车产业业态

发挥市场作用，探索培育各类新型产业业态的商业模式，鼓励“互联网＋”运营服务模式创新，通过数据增值、基础设施共享共建、出行服务、金融保险、技术供给等各类创新性应用与业务模式，打通智能网联汽车、智能交通系统的业务逻辑，形成各类市场主体互融共生、分工合作、利益共享的新型产业生态，实现产业高质量、可持续发展。

2. 拓展产品运营、扩大盈利规模

加快推进基于出行服务、物流服务、场地作业服务等的传统商业模式落地，支持通过开发基于 OTA 的付费功能更新，提供个性化软件服务和内容服

务。以需求为导向，针对特殊场景积极开发多用途车辆形态，提升车辆利用效率。建立产品生态、提升车载平台产品的议价权，持续扩大智能网联汽车相关企业的盈利规模。

3. 超前谋划为商业化创造条件

充分研判智能网联汽车作为未来产业发展的趋势，在技术路线、基础设施建设、商业化运营等环节加强谋划，为未来产业发展预留升级空间。在政府先期主导智能道路设施改造基础上，充分发挥市场主体作用，通过共建、入股、委托运营、政府优先采购等多种方式方法，支持社会资本参与智能化道路改造。要明确智能道路基础设施建设标准，新建市政交通基础设施建设充分考虑未来智能网联发展方向，预留智能网联设施接口，存量道路基础设施智能化改造要考虑升级更新换代需求，提前做好布局。

（三）提升智能化能力，持续推进智能网联汽车技术产业化

1. 加快推动智能网联核心技术产业化

加快核心设备研发，搭建支持高级别自动驾驶的高可靠、低延时专用网络。依托首都高校院所，加快车辆关键技术、信息交互关键技术、基础支撑技术的研发突破，支持政产学研联合攻关，推动智能网联汽车共性及关键技术研发成果转化。在车规级智能计算芯片、操作系统、计算平台、信息安全等方向，培育一批达到世界先进水平的解决方案和设计提供商，满足自主智能网联汽车产业化规模需求。

2. 提升智能网联汽车关键零部件研发制造能力

以北汽集团、长安等整车企业为依托，围绕整车需求，加强智能网联零部件产业体系规划建设，加大创新研发投入力度，尽早突破车规级高精度视觉传感器、毫米波雷达、激光雷达、线控底盘、智能座舱等零部件总成瓶颈，吸引全球优势产业和技术资源在京布局，提升智能网联汽车核心零部件规模化制造能力。

3. 积极构建新型整车制造生态

适应智能网联汽车产业发展态势，推动整车企业、互联网公司和出行服务平台之间的合作发展，形成个性化定制、网络化协同的智能制造产业链。以自主智能与网联智能协同发展为导向，支持汽车技术前沿发展，支持互联

网企业创新设计制造模式，构建新型“整车—零部件—软件系统”合作关系，鼓励整车骨干企业与优势零部件企业、软件系统提供企业在研发、采购等层面的深度合作。

（四）支持北汽集团在智能网联领域“主力再造”，健全完善京津冀区域关键零部件布局

1. 支持将北汽打造成为智能网联汽车行业“领头雁”

发挥北汽集团汽车发展主力军作用，加大转型，支持将智能网联技术作为立足点，聚焦用户需求，升级“极狐”“BEIJING”两个品牌，打造成为北京市乃至全国智能网联领汽车的样板。

2. 鼓励车企加大全方位布局

对于车企而言，想要占领智能网联汽车产业的竞争制高点，需在智能交互、智能驾驶和智能服务三方面均有所布局，并根据商业企图、品牌定位、产品竞争力和技术积累等方面选择适合自身的发展路径和能力构建方式，在车联网生态体系的不同层面采取相应的策略。

3. 优化京津冀区域关键零部件布局

以北汽集团、奔驰等为主体，以主机厂为牵引，吸引更多零部件企业，完善关键零部件在京津冀区域布局，建设智能汽车关键零部件产业集群。推进车载高精度传感器、车规级芯片、智能操作系统、车载智能终端、智能计算平台等产品研发与产业化，重点支持智能网联汽车零部件项目在京落地，形成“传统+智能”的零部件新体系。

（五）探索重点领域制度创新，聚焦出租车、物流运输等实现运营开放

1. 建立国家级测试示范区测试车辆上路准入结果互认机制

放宽自动驾驶测试道路和测试牌照管理权限，支持建设面向全国的第三方自动驾驶测试平台。支持行业协会牵头，由相关企业、测试机构等组成智能网联汽车联盟，推动建立测试示范区的协同创新机制，实现成果互认、数据库共享。

2. 试点放开自动驾驶出租车运营资质

放开自动驾驶出租车运营资质鼓励更多的产业和社会资金参与进来，促进自动驾驶出租车上下游相关企业的深度参与，推动技术投入与产品研发。试点向创新型企业优化出行商业服务门槛，鼓励多种形式的自动驾驶出租车商业运行模式。支持企业在商业运营过程中提供收费服务，相关部门加快研究自动驾驶出租车具体的收费标准和方法，支持自动驾驶出租车尽快实现商业运营。开放多区域、多场景、多时段的自动驾驶出租车示范运营，包括城市、乡村、高速场景，白天、夜间等时段，雨雪雾等天气。

3. 发放自动驾驶物流运输牌照

加强谋划，进一步增加自动驾驶卡车干线物流运输场景，发放自动驾驶卡车物流运输牌照，助推企业实现产品商业化落地应用。

4. 制定出台无人配送车产品应用标准和管理办法

研究适用于无人配送车上路行驶的通行规则和交通管理模式，给予相应路权，建立无人配送车运行安全监管体系，解决无人配送车路权和上路管理问题。

（六）完善智能网联汽车法规政策体系，营造良好的商业化发展环境

1. 制定自动驾驶研发财政支持政策

自动驾驶技术研发投入大，周期长。应统筹财政资金渠道，发挥各类专项资金作用，加大对智能网联汽车共性关键技术攻关、重大产业化项目、产业基础平台和智慧交通体系建设支持力度。发挥政府基金引导作用，吸引社会资本共同设立产业基金，推动智能网联汽车、智慧交通产业生态创新发展。积极对接国家相关资源，争取资金和政策支持，推动技术创新平台、产业创新中心、示范基地等在京落地。加大财政对应用环节产品的补贴。

2. 加快自动驾驶领域立法

深圳已经出台了《深圳经济特区智能网联汽车管理条例》，北京亟须加强谋划，探索适应智能网联汽车出行需要的车辆管理、交通管理、运行服务管理等方面法规规章。要积极开展适用于智能网联汽车的道路交通规范制修订工作，推动实施对《中华人民共和国道路交通安全法》《中华人民共和国测绘

法》等法律法规的修订或部分条款豁免，完善关于交通事故责任认定的法律法规，构建符合国情市情的智能网联汽车和智能交通法规体系。

3. 建立健全促进智能网联汽车发展的标准机制

按照“统筹规划、适度超前”的原则，积极开展综合标准化体系建设，针对智能网联汽车车载终端、通信协议、测试评价、信息安全及其他关键技术制定统一标准。加强对智能网联汽车产业知识产权及专利技术的保护，建立健全智能网联信息和数据安全管理机制。加强智能网联汽车交通事故分析判定机制研究，形成智能网联汽车交通事故认定机制。

（执笔人：唐文豪）

借鉴国内外智能网联汽车道路测试经验
抢占智能网联汽车产业发展先机

随着新一代信息技术与汽车产业的深度融合，智能网联汽车已成为新时代汽车产业转型升级的重要突破口和未来产业发展的战略制高点。道路测试是检测智能网联汽车系统性能不可或缺的重要环节，也是实现自动驾驶商业部署前需要跃过的“最后一道门槛”。美国、欧盟、日本等均在加强战略谋划、加大政策支持、加快发展进程，陆续出台多项支持企业道路测试的政策法规。各大跨国车企及科技巨头纷纷加大创新投入和加强融合发展，加速高等级自动驾驶车辆的研发应用，我国汽车及相关行业企业也积极进行产品研发验证，对道路测试的需求十分迫切。借鉴发达国家和国内先进地区智能网联汽车道路测试经验，对北京更好地开展智能网联汽车测试，推动智能网联汽车产业发展，构建高精尖经济结构，助力北京国际科技创新中心和全球数字经济标杆城市建设具有重要意义。

一、国内外智能网联汽车道路测试政策法规

全球主流汽车生产国家都非常重视智能网联汽车技术的发展。2016 年，美国联邦政府为自动驾驶技术研发提供 40 亿美元的经费。欧洲以多国协作的形式推动合作式智能交通发展。日本政府发布《创造战略性革新规划》，通过促进官民合作并以给予经费的方式来促进自动驾驶技术发展。我国相关部门通过颁布促进性政策来支持智能网联汽车的发展。智能网联汽车在正式推向市场之前，必须在真实交通环境中进行充分测试，全面验证自动驾驶功能，实现与道路、设施及其他交通参与者的协调，因此道路测试是开展智能网联

汽车技术研发和应用不可或缺的重要环节。国内外纷纷以颁布政策或制修订法规的形式允许智能网联汽车道路测试和新型应用探索，法规体系及国情的差别导致各国在道路测试监管体系上存在一定差异。

1. 美国的智能网联汽车道路测试法规主要由各州政府负责制定并发布

各州机动车管理局负责具体的测试管理工作。自内华达州允许智能网联汽车道路测试并于2011年颁发美国首批智能网联汽车道路测试许可以来，截至2021年3月，美国已有40个州颁布智能网联汽车道路测试相关法律或行政指令。

2. 欧洲多国通过国家层面立法来指导道路测试工作

由德国联邦运输和数字基础设施部修订的《道路交通法修正案》于2017年生效，指导德国的道路测试工作，州政府责任机构负责道路测试的管理及测试许可的发放；英国于2019年发布了新版《实践准则：自动驾驶汽车的试验》，对2015年版准则进行更新，从测试车辆要求、安全驾驶员和操作员准入资格等四个方面对道路测试提供进一步规范指导；荷兰于2018年4月颁布了《自动驾驶测试法（草案）》，明确荷兰交通部负责自动驾驶汽车的审批和管理。

3. 日本政府发布了道路测试规范，地方主管机构负责监管测试活动

日本警察厅于2016年、2017年分别发布《自动驾驶汽车道路测试指南》《远程自动驾驶系统道路测试许可处理基准》，允许企业开展自动驾驶道路测试以及远程自动驾驶道路测试，日本警察厅及地方警方、市政及交通运输部门来负责监管自动驾驶的道路测试活动。

4. 我国政府发布了测试管理规范，各地方政府在此基础上发布了实施细则以具体指导测试工作

我国工业和信息化部、公安部和交通运输部负责指导国家整体智能网联汽车道路测试，于2018年4月发布了《智能网联汽车道路测试管理规范（试行）》，并于2021年7月进行了修订。截至2021年8月全国27个省（市）出台了测试管理实施细则，开放3500多千米测试道路，发放700余张测试牌照，道路测试总里程超过700万千米。测试主体类型涵盖整车制造企业、零部件企业、互联网企业、初创企业以及科研机构等。

5. 北京在自动驾驶道路测试方面行动较早

2017 年 12 月，北京市交通委员会、北京市公安局公安交通管理局、北京市经济和信息化委员会联合发布了《北京市自动驾驶车辆道路测试管理实施细则（试行）》，早于国家发布的测试管理规范，并于 2020 年 11 月进行了第三次修订，对自动驾驶车辆测试号牌有效期、专项技术测试内容、试运营测试等内容进行了优化。截至 2021 年年底，北京市自动驾驶道路测试累计安全测试里程已经超过 390 万千米，测试总里程居全国首位。

二、国内外智能网联汽车道路测试要求对比

为保障智能网联汽车道路测试顺利开展，我们对国内外道路测试的 8 项共性要求进行了详细对比，以期为北京智能网联汽车道路测试的未来发展提供建议。

（一）测试流程：国外主要为申请制，国内为考试制，流程相对复杂

国内外智能网联汽车道路测试流程基本分为申请制和考试制。在美国，智能网联汽车道路测试主要执行申请制，但也有考试制，各州不一。例如，加州执行申请制，企业只需要提供车辆以及司机的基本信息、车辆保险证明、公司证书即可。内华达州执行考试制，首先提供 10000 英里（16093 千米）的封闭测试场测试证明，其次需通过封闭测试场考试，政府人员随车进行打分。在欧洲，德国、英国和荷兰执行申请制，测试主体只需要将相关材料提交当地主管部门即可。在日本，《自动驾驶汽车道路测试指南》规定测试主体向主管机构提交测试申请并上报测试计划即可开展道路测试。

我国智能网联汽车需要经过封闭测试场的严格测试后方可申请道路测试。具体到各地测试流程存在一定差别，例如，上海智能网联汽车道路测试牌照申请需在第三方机构指定的封闭测试区内，按照测试评价规程进行相应测试项目的实车试验，每个测试项目的有效试验次数不少于 30 次，测试结果达标率不小于 90%。《长沙市智能网联汽车自动驾驶功能测试规程》规定，符合条件的测试主体需要在封闭测试场内测试满 5000 千米，然后考试通过后才可

以申请智能网联汽车道路测试牌照。北京智能网联汽车道路测试牌照申请需要先在封闭测试场内测试满5000千米，测试场对测试主体进行能力评估并出具测试报告，评审专家对测试主体进行能力评估，然后测试主体才可申请道路测试牌照。

（二）测试费用：北京与上海基本持平，远高于美国加州

在美国加州，企业提出申请，只需填写完成加州车辆管理局的一些文档性文件，并缴纳6000美元的手续费用，拿到牌照之后，企业就可以组织自动驾驶车辆的路测了。

在北京，获得路测牌照前须在封闭测试场内测试满5000千米且通过评估。按照经开区基地封闭测试场现行收费标准，按照平均时速60千米，白天与晚上各测试一半（2500千米）来计算，测试5000千米需要缴费近160万元，对于初创公司而言支出压力较大。对北京某自动驾驶公司调研发现，其在上海开展自动驾驶测试的费用也为100余万元。由此看来，北京与上海的测试费用基本持平。

（三）车辆要求：美国较为宽松，欧洲、日本及中国较为严格

美国智能网联汽车道路测试对车辆的要求较低，大部分州规定测试车辆必须配备测试数据记录装置，并在当地机动车管理局登记车辆基本信息，还有部分州对车辆几乎无要求。值得注意的是，2018年美国交通运输部发布《准备迎接未来交通：自动驾驶汽车3.0》，鼓励自动驾驶汽车技术创新，允许自动驾驶汽车在创新性设计中去掉方向盘、踏板或者后视镜，这就使得自动驾驶相关企业拥有了更多的自主权。欧洲和日本对车辆认证、数据记录装置、安全标准、防止网络被非法入侵等方面提出了详细的要求，相对较为严格。

我国对测试车辆的类型、注册登记、强制性检验项目要求、人工操作和自动驾驶模式及转换、车辆数据记录等提出了较为详细的要求。具体到各地对车辆的要求略有区别（见表2），比如上海要求车辆安装自动驾驶系统失效时的提醒装置，广州对车辆车龄和车身标识提出了要求，鼓励使用新能源汽车测试，长沙要求测试车辆自动驾驶功能应由国家或省市认可的第三方检测

机构进行检测验证。

北京除对国家规定的几方面有要求，还要求车辆在封闭测试场完成一定里程的测试，达到相关测试及评价要求，张贴自动驾驶测试标识，此外北京所要求的数据记录的时间段和数据存储期限都较国家更长，允许的车辆类型较国家少了专用作业车。

表 2　国内外智能网联汽车道路测试对车辆的要求

地区	对车辆的要求
美国	大部分州规定测试车辆必须配备测试数据记录装置，并在当地机动车管理局登记车辆基本信息。例如，加州要求测试主体登记车辆的基本信息并安装测试数据记录装置。 部分州持相对开放的态度，对车辆几乎无要求。例如，亚利桑那州规定测试主体在州机动车管理局登记即可，密歇根（密执安）州规定测试主体在本州登记并且车辆合法即可
欧洲	（1）德国。 ①车辆必须通过 TüV（欧洲权威测试机构）的认证。 ②测试主体必须为测试车辆购买保险。 ③车辆必须配备数据记录装置。 ④车辆由持有运营许可的汽车生产商生产。 ⑤车辆需符合《德国道路车辆登记和许可条例》对机动车准入的限制，不符合的车辆需要向州提出豁免，联邦各州可以自由地添加条款作为豁免条件。 （2）英国。 ①测试车辆符合机动车安全标准，车龄超过 3 年的需要通过机动车运行安全检验。 ②在封闭测试场内完成基本的测试工作，验证自动驾驶系统的稳定性。 ③测试机构应当充分评估测试车辆在公开道路测试的安全性。 ④自动驾驶系统应确保在发生紧急情况时向安全驾驶员发出警报并可以随时切换到手动驾驶模式。 ⑤测试车辆要安装数据记录设备，记录测试数据。 ⑥自动化控制设备和自动驾驶系统应内置安全防护，防止被非法入侵。 ⑦自动驾驶系统各个版本都应该完整归档和记录，所有软件版本需在封闭场地测试后方可在公开道路测试

续 表

地区	对车辆的要求
日本	（1）符合《道路运输车辆安保基准》对安全的要求。 （2）在试验场地内开展充分细致的测试，确保自动驾驶状态下的测试车辆能够安全行驶。 （3）车身上标示“正在进行自动驾驶系统测试”的字样。 （4）安装行驶记录仪和交通事故数据记录仪等装置。 （5）当自动驾驶和手动驾驶模式间切换时，应对车辆操作进行恰当的授权，如自动驾驶模式开启或结束时，通过鸣响警示音进行提示。 （6）自动驾驶系统应确保在发生紧急情况时驾驶员能够进行手动驾驶操作。 （7）测试机构应根据《网络安全基本法》的规定，切实采取网络安全防护措施确保自动驾驶系统安全，防止网络被非法入侵。 （8）自动驾驶系统软件升级后（包括已通过道路测试确认安全性的自动驾驶系统上的新增功能）应重新在封闭道路上进行测试，确认系统软件安全可靠后，才可进行道路测试
中国	（1）车辆类型：乘用车、商用车和专用作业车，不包括低速汽车和摩托车，并且车辆未办理过机动车注册登记。 （2）满足对应车辆类型除耐久性以外的强制性检验项目要求；对因实现自动驾驶功能而无法满足强制性检验要求的个别项目，需提供其未降低车辆安全性能的证明。 （3）具备人工操作和自动驾驶两种模式。 （4）具备车辆状态记录、存储及在线监控功能，能实时回传信息，并自动记录和存储车辆事故或失效状况发生前至少 90 秒的数据，数据存储时间不少于 1 年
上海	（1）未办理过机动车注册登记。 （2）满足对应车辆类型除耐久性以外的强制性检验项目要求，或者经相关第三方检测机构检验合格的开发阶段样车。对因实现自动驾驶功能而无法满足强制性检验要求的个别项目，需提供其未降低车辆安全性能的证明。 （3）具备“人工操作（包括远程控制）”和“自动驾驶”两种模式。 （4）具备车辆状态记录、存储及在线监控功能，能实时向官方数据监管平台回传规定信息，传输频率不低于 1Hz，并自动记录和存储下列各项信息在车辆事故或者失效状况发生前至少 90 秒的数据，数据存储时间不少于 1 年。

续 表

地区	对车辆的要求
上海	(5) 具有健全的网络安全、数据安全防护措施以及软件升级等能力，当测试车辆网络异常或者受到网络攻击导致功能失效时，仍然能够转为最小风险运行模式。 (6) 具有显著的标志图案。 (7) 具有系统冗余，确保在系统发生故障或者运行状态超出设计运行范围时，测试车辆应能够立即转为最小风险运行模式并通知操作员进行人工接管或者进行远程协助。 (8) 能清晰分辨控制命令来源。 (9) 车辆需符合运营车辆的技术条件，并建立完备的运营系统，具备相应的运营服务设施，接入市交通委的相关平台
广州	(1) 车辆类型：乘用车、商用车，不包括低速汽车和摩托车，优先鼓励使用新能源汽车，并且车辆未办理过机动车注册登记。 (2) 首次申请测试资格时，测试车辆车龄不超过 3 年。 (3) 属国产机动车的，应当提供机动车整车出厂合格证，但未进入公告车型的应当提供出厂合格证明和国家认可的第三方检测实验室出具的相应车型强制性检验报告，进口车辆应有进口证明。 (4) 一般应符合《机动车运行安全技术条件》（GB7258）检测要求，对未符合检测要求的项目，测试主体应出具未降低车辆安全性能的相关说明材料。 (5) 具备人工操作和自动驾驶两种模式。 (6) 安装车辆卫星定位装置及监控设备，可实时监控车内驾驶员及其驾驶行为、采集车辆位置、速度及车辆驾驶状态等功能，能够实时回传数据信息，能够自动记录和存储在车辆事故或者失控状况发生前 90 秒以及发生后 30 秒的车内外视频及数据信息。 (7) 安装提醒装置，当遇到自动驾驶系统失效时，该装置应当立即提醒测试驾驶员接管车辆。 (8) 张贴明显的智能网联汽车测试车辆标识，提醒其他交通参与者该车辆为智能网联汽车测试车辆
长沙	(1) 第一级测试区： ①车辆类型：乘用车、商用车、特种（专用）车和低速电动汽车。

续 表

地区	对车辆的要求
长沙	②满足对应车辆类型除耐久性以外的强制性检验项目要求；对因实现自动驾驶功能而无法满足强制性检验要求的部分项目，测试主体需证明其未降低车辆安全性能。 ③具备人工操作和自动驾驶两种模式。 ④具备车辆状态记录、存储及在线监控功能，能实时回传信息。能自动记录和存储车辆事故或失效状况发生前至少 90 秒的数据，且数据存储时间不少于 3 年。 ⑤安装协议注明且获得第三方管理机构认可的车载监管设备。 ⑥安装具备提醒功能的装置，当遇到自动驾驶系统失效时，该装置应当立即提醒测试驾驶人接管测试车辆。 （2）第二级测试区： ①车辆未办理过机动车注册登记。 ②车辆应在第一级测试区进行充分的实车测试。 ③自动驾驶功能应由国家或省市认可的从事汽车相关业务的第三方检测机构进行检测验证
深圳	除满足国家的测试车辆要求，测试车辆应在指定的封闭道路、场地等特定区域进行充分的实车测试，每台测试车辆按有关要求应在相应场景内累计进行不少于 1000 千米的测试
北京	（1）车辆类型：乘用车、商用车，不包括低速汽车和摩托车，并且车辆未办理过机动车注册登记。 （2）满足对应车辆类型除耐久性以外的强制性检验项目要求；对因实现自动驾驶功能而无法满足强制性检验要求的个别项目，测试主体需证明其未降低车辆安全性能。 （3）具备人工操作和自动驾驶两种模式。 （4）必须经过封闭测试场的考试并具备道路测试条件。 （5）配备车辆状态记录、存储及监管装置，能实时向监管平台回传信息，并自动记录和存储车辆发生碰撞、事故、脱离自动驾驶状态或失效状况前 90 秒及发生后 30 秒的数据，且数据存储时间不少于 3 年

（四）安全驾驶员：国内外大多要求配备，但在逐步放开

安全驾驶员是指经测试主体授权，在出现紧急情况时对测试车辆采取应急

措施或者接管测试车辆的驾驶员。基于智能网联汽车技术的不成熟性，大部分国家要求智能网联汽车在道路测试时必须配备安全驾驶员以应对突发状况。

在美国的51个州（包括华盛顿特区）中，加州、亚利桑那州等14个州允许道路测试可以不配备安全驾驶员，印第安纳州、伊利诺伊州等23个州要求在测试过程中必须配备安全驾驶员，其他各州无明确规定。在欧洲，德国要求在开展道路测试时必须配备安全驾驶员，英国政府已经允许远程自动驾驶测试，荷兰颁布的《自动驾驶测试法（草案）》允许道路测试可以不配备安全驾驶员。日本允许远程自动驾驶测试，驾驶位上可以不再配备安全驾驶员，但副驾驶位上仍然要配备安全驾驶员。

我国的智能网联汽车道路测试要求配备安全驾驶员，各地正逐步推进安全驾驶员远程测试或无安全驾驶员的道路测试。具体来看，上海支持浦东新区根据国家和上海的有关授权规定，制定无安全驾驶员的智能网联汽车测试与应用的管理措施并有序报备实施。广州和长沙允许安全驾驶员进行远程测试，为部分企业发放了远程测试许可，2020年文远知行公司已在广州开展无人化的远程测试，百度在长沙已获得无人化路测牌照。

北京允许安全驾驶员移到车内其他座位上或进行车外远程测试，但要求车辆满足通用技术测试评估为T3级别及以上级别，道路测试累计里程超过30000千米，未发生重大违规、主体责任交通事故及失控状况，在封闭测试场内完成无人化测试并通过评估等条件。目前，百度、小马智行已获得无人化路测许可，开始无人化测试的第一阶段，安全员移到了副驾驶座上。2021年，政策先行区提出会考虑安全员彻底撤出车辆，但会对车辆行驶区域有一定限制。

（五）道路类型及路段：国内外普遍允许所有道路类型测试，但在允许的路段上有所差异

美国已允许所有类型的道路开展测试，但各州在允许测试的路段上存在一定差别。加州、亚利桑那州等大部分州允许在所有路段进行测试，内华达州等少部分州规定测试只能在特定的路段开展。在欧洲，德国、英国和荷兰的道路测试都已覆盖本国内的全部道路类型，但需要在特定路段开展。日本允许在其国内所有区域进行自动驾驶道路测试，测试计划需要提前上报相关

主管机构。

2021 年 7 月我国最新发布的《智能网联汽车道路测试与示范应用管理规范（试行)》已经将高速公路纳入道路测试范围，之前只有北京、海南、长沙、沧州明确了高速公路测试的相关内容，但都还未实际开展高速公路测试，2021 年 3 月海南发布了国内首条智能汽车高速公路测试路段。

2021 年 7 月，北京市智能网联汽车政策先行区正式开放自动驾驶高速场景，先行开放京台高速北京段（五环路—六环路）双向 10 千米路段，进行前期道路测试验证，并向百度、小马智行、小马智卡、主线科技等企业颁发了高速公路自动驾驶测试牌照，未来还将逐步开放 6 条 143 千米的高速公路、城市快速路段。2021 年 12 月 31 日，主线科技和小马智卡的自动驾驶卡车纷纷驶上京台高速，开启常态化自动驾驶测试。至此，北京已允许所有类型的道路开展测试。除了高速公路测试限于特定路段，其他类型的道路测试也主要集中在经开区、海淀区的五环外区域等，缺乏交通密集、路况多元等复杂场景的测试。

（六）载人测试：国内外都允许开展，美国在商业化运营方面较为领先

美国允许载人测试并已开展无人驾驶出租车的运营，在亚利桑那州凤凰城，Waymo 公司自 2017 年开始运营无人驾驶出租车，但对乘客、线路等有一定限制，2018 年 10 月开始收费进行商业化运营，2020 年 10 月对公众全面开放并在凤凰城部分地区运营无安全驾驶员的无人驾驶出租车。在欧洲，德国的智能网联汽车道路载人测试需要相关技术专家给出指导性意见即可，英国和荷兰无特殊要求。日本未在载人测试方面提出禁止规定。

我国《智能网联汽车道路测试与示范应用管理规范（试行)》允许载人示范应用，地方的实施细则规定了具体的测试要求和流程，上海、广州、长沙、深圳等地目前都已开展自动驾驶载人测试，文远知行公司的无人驾驶出租车在广州已开始收费运营。

北京规定载人测试车辆需满足通用技术测试评估为 T3 级别及以上级别、取得了试验用临时行驶车号牌、为测试志愿者购买保险等要求。目前已开展无人驾驶出租车载人运营测试，截至 2020 年 12 月底，载人道路测试安全行

驶里程已超过 102 万千米，除内部人员测试，累计运载社会志愿者超过 1.5 万人次，先后在北京经开区、海淀区、顺义区开放载人接驳站点，整体测试安全有序。2021 年 11 月 25 日，北京正式开放国内首个自动驾驶出行服务商业化试点，并允许百度和小马智行成为首批开展商业化试点服务的企业，可在北京经开区内 60 平方千米的范围内进行市场化定价，对公众开启无人驾驶出租车收费服务。

（七）数据管理：国内外都需及时上报，并逐渐重视数据保护

在美国，数据由企业自行核验，每年提交测试报告即可。若测试主体车辆发生碰撞事故，则需在 24 小时内提交事故报告。在欧洲，德国、英国都要求测试车辆安装数据记录装置，并将数据上报主管部门。此外，美国和欧洲都要求测试企业保护包括驾驶员、乘客以及被动第三方（如行人）的数据免受诸如未授权访问、收集、使用或共享等行为导致的隐私风险。日本规定测试企业需要向警方、市政、交通部门提交测试数据。

我国规定测试主体每 6 个月向省、市级政府相关主管部门提交阶段性报告，并在测试结束后 1 个月内提交测试总结报告。此外，上海要求测试主体妥善管理数据采集、处理、应用和传输等环节，建立个人信息保护制度，合理收集和使用数据，未经批准不得将测试过程中产生的数据传输到境外。

北京要求测试主体每满 3 个月向第三方授权机构提交测试报告，并提交脱离自动驾驶功能事件发生前 90 秒及发生后 30 秒的自动驾驶记录数据，在道路测试结束后 1 个月内提交总结报告。

（八）商业保险：国内外都需提前购买保险，差异仅仅在于保额方面

全球各国尚无针对智能网联汽车的一整套成熟保险制度，各国都规定智能网联汽车在道路测试前需提前购买保险，但对保额要求各异。

美国大多数州要求企业提供 500 万美元的保险证明或者保证金，保费还未形成统一定价。在欧洲，德国要求在开展道路测试前，测试主体应提前购买保险，但对保额未做具体规定；英国要求测试机构应当按照机动车保险有关规定，对测试车辆和安全驾驶员进行投保。日本要求测试机构应对测试汽

车进行损失赔偿责任险、任意险等投保，确保具备相应意外事故赔偿能力。

我国规定测试主体应购买每车不低于500万元的交通事故责任保险或提供不少于每车500万元的自动驾驶道路测试事故赔偿保函。各地方包括北京与国家的要求一致，对于载人测试、专用车及高速测试也分别有购买保险的要求。

三、加州、上海和北京智能网联汽车道路测试数据对比

美国加州是全球自动驾驶路测较为重要的地区之一，也是最早发布相关数据的地区，北京是第二个发布数据的城市，上海也于2021年3月首次发布自动驾驶路测数据。2021年2月和3月，加州、上海和北京分别发布了2020年度的自动驾驶路测报告，几份道路测试报告分别简要总结了本区域内道路测试数据（见表3、表4、表5）。对测试数据进行对比，可以对加州、上海和北京道路测试工作的开展情况及差距有一个更为清晰的认识。

表3　　2020年度加州自动驾驶道路测试企业数据

序号	企业	车辆数量（辆）	测试里程（千米）	脱离次数（次）	平均每次脱离前可以行驶的里程（千米/次）
1	Waymo	239	1006142	21	47911.50
2	Cruise	137	1232079	27	45632.55
3	AutoX	8	65174	2	32587.20
4	Pony. AI	29	360794	21	17180.65
5	Argo. AI		33659	2	16829.74
6	WeRide	9	20822	2	10411.20
7	DiDi	12	16642	2	8321.19
8	Nuro	20	88592	11	8053.79
9	Deeproute. AI		16029	3	5342.93
10	Zoox	45	164034	63	2603.71
11	QCraft		12131	16	758.20
12	Aurora	19	19532	37	527.90

续 表

序号	企业	车辆数量（辆）	测试里程（千米）	脱离次数（次）	平均每次脱离前可以行驶的里程（千米/次）
13	Lyft	19	52370	123	425. 77
14	Gatik. AI	3	3763	11	342. 11
15	Apple	69	30088	130	231. 45
16	Nissan	4	631	4	157. 80
17	BMW	5	195	3	65. 07
18	Aimotive	3	4779	113	42. 29
19	Mercedes	10	47974	1167	41. 11
20	NVIDIA	7	4853	125	38. 82
21	Qualcomm	3	2763	90	30. 70
22	SF Motors	2	1400	61	22. 94
23	Atlas R		76	10	7. 58
24	EasyMile	1	678	128	5. 30
25	Toyota	7	4600	1215	3. 79
26	Telenav	1	6	2	3. 20
27	Udelv	2	106	49	2. 16
28	Ridecell	1	236	189	1. 25
29	Valeo	2	78	99	0. 79
合计		657	3128333	3695	846. 64

数据来源：《2020 年加州自动驾驶脱离报告》。

表 4　　2020 年度上海自动驾驶道路测试企业数据

序号	企业	车辆数量（辆）	测试里程（千米）	避险脱离率（次/100 千米）
1	上汽红岩	30	180726. 37	3. 5
2	滴滴	40	113234. 26	26. 8
3	图森未来	5	42114. 23	2. 7
4	丰田	6	22401. 54	6. 7

续 表

序号	企业	车辆数量（辆）	测试里程（千米）	避险脱离率（次/100 千米）
5	AutoX	26	16071.43	5.8
6	中智行	5	5194.70	8.0
7	商汤	3	3559.93	8.3
8	深兰科技	1	3137.39	10.9
9	上汽大众	4	2649.56	14.7
10	上汽大通	2	3018.96	14.9
11	华为	1	1628.48	20.7
12	阿利昂斯	4	2013.39	10.2
13	仙途智能	2	516.70	0.0
14	百度	8	383.13	14.0
15	上汽乘用车	6	18.86	21.0
合计		143	396668.92	11.9

数据来源：《上海市智能网联汽车开放道路测试报告（2020 年）》。

表 5　　2020 年度北京自动驾驶道路测试企业数据

序号	企业	车辆数量（辆）	测试里程（千米）
1	百度	55	1125305
2	小马智行	5	41938
3	戴姆勒	2	16
4	奥迪	2	194
5	丰田	4	3893
6	三快在线	1	330
7	沃芽	4	1540
合计		73	1173215

数据来源：《北京市自动驾驶车辆道路测试报告（2020 年）》。

（一）北京和上海的测试体量与加州相比仍存在一定差距

2020 年加州、上海和北京提交有效测试数据的测试企业分别为 29 家、15

家和7家，测试里程分别为312.8万千米、39.7万千米和117.3万千米，加州测试车辆共657辆，上海和北京的测试车辆分别为143辆和73辆。加州道路测试的企业数量、测试车辆数和总测试里程均最多，北京的测试里程较上海多，而测试企业数和车辆数少于上海。此外，加州和上海还发布了测试主体自动驾驶系统脱离①的数据。

（二）三地的测试集中度都较高，而北京最为显著

在加州，Waymo公司和Cruise公司的测试里程占总测试里程的比重分别约为32%和39%；在上海，上汽红岩和滴滴的测试里程占比分别约为46%和29%；在北京，百度的测试里程占北京总测试里程的96%左右，除去测试里程“一家独大”的百度，其他企业的测试里程还很少。

（三）加州和北京高新技术企业测试较为领先，上海测试企业类型较为均衡

加州和北京同时存在一个现象是，高新技术企业测试较为领先，传统车企略显后进，在加州的道路测试中仅通用的Cruise公司处于第一梯队，在北京的道路测试中传统车企的测试体量也较小。而在上海由于上汽系企业的积极测试，测试体量上高新技术企业与传统车企比例较为均衡。

四、相关建议

通过对比国内外智能网联汽车道路测试的各项要求以及加州、上海和北京的道路测试数据，北京应以智能网联汽车政策先行区的设立为契机，在道路测试牌照申请、路测政策扶持、数据保护、道路测试环境、无人驾驶道路测试、智能网联汽车事故责任与保险机制等方面加快发展并取得突破，构建适度超前的政策管理体系，同时加强国际交流合作从而推动产业发展。

---

① 自动驾驶系统脱离是指遇到自动驾驶系统无法处理的情况时，安全驾驶员接管车辆自身的驾驶任务，单位千米的脱离次数在一定程度上体现了系统的稳定性。

（一）适当简化道路测试牌照申请流程，为企业减轻负担

适当简化测试牌照申报手续，借鉴加州的做法，尽快出台路测申请、检查、评审等方面的便利化措施，简化企业申报材料、压缩申报时间，并可探索在一定区域内对测试流程实行申请制。实施审核“豁免制度”改革，对于在国内外测试场地已积累一定测试里程和信誉良好的企业，可由企业签订承诺声明，对测试牌照申请、延期、评审等部分环节进行豁免。切实为企业减轻负担，带动更多企业开展智能网联汽车道路测试，从而推动智能网联汽车产业的发展。

（二）适当给予企业一定的路测政策扶持

截至 2020 年年底，加州、上海和北京获得路测牌照的企业分别为 63 家、22 家和 14 家，北京的测试企业相对较少。当前北京参与自动驾驶路测的相关费用相对较高，加重了技术初创企业的压力，降低了企业积极性。可研究出台支持政策，营造良好的自动驾驶汽车发展氛围，对达到一定规模且在本地纳税的测试企业，可对封闭测试场使用费用、保险等方面的支出给予适当补助，并利用产业引导基金吸引社会资本为初创企业提供研发和测试经费支持。同时应加快推进落实异地测试结果互认和测试豁免，避免重复测试，降低企业测试成本。

（三）重视数据保护，保障车联网信息安全

开展智能网联汽车数据采集及权属相关标准的研究。加强对智能网联汽车测试中数据安全的监管，对数据采集进行规范，防止不当采集和保留个人隐私信息及涉及国家安全的地理位置等信息。要求企业切实承担数据保护义务，加强数据和网络安全保障能力建设，建立覆盖智能网联汽车整车和关键零部件全生命周期的网络安全防护体系，对软件升级进行全流程管理，依法保护个人信息和重要数据安全。严禁非法买卖、转让、公开相关数据以及将测试与示范活动中产生的数据擅自传输到境外。

（四）丰富道路测试场景从而加强技术验证

进一步完善、丰富智能网联汽车道路测试场景，采取渐进的方式逐步放

开交通流量较大、机非混行、立交桥等复杂场景路段，以满足企业快速积累海量测试数据的迫切需求，进而推动技术产品的研发创新。

（五）拓宽智能网联汽车应用范围

探索智能网联汽车在接驳公交、物流、环卫清扫等特定行业，在夜晚以及人流车流较少的时段，在五环外以及园区、景区、机场、火车站、停车场等相对封闭的特定区域的商业化应用。加快推动自动驾驶集装箱卡车、高架道路无人清扫车、停车场自主泊车等典型场景示范项目落地。通过示范应用，加速 V2X 网络、路测基础设施的部署，丰富车联网应用场景，形成可复制可推广的经验做法，推动构建开放融合、创新发展的产业生态。

（六）开展无人驾驶道路测试

适当放宽对于无安全员测试的申请条件，以扩大可进行测试的企业范围。划定车流量相对较小的特定区域和特定时段，并采用循序渐进的方式，将安全员逐步从驾驶位转移到副驾驶位、车内其他座位、车外远程测试座位上。特定区域、时段的测试验证为后续大规模的无人驾驶道路测试提供支持，同时也为后续智能网联汽车商业化运营积累经验。

（七）优化智能网联汽车创新应用行业标准

结合政策先行区建设，探索自动驾驶法规豁免申请机制，对测试及商业化应用过程中触及的现行法规关键约束，研究一揽子解决方案，争取国家相关部委的支持。制定智能网联汽车安全标准，在确保安全的前提下允许智能网联汽车在测试中按照功能目标进行合理的创新性设计，比如可以去掉方向盘、踏板或者后视镜，赋予自动驾驶相关企业更大的自主权。

（八）探索智能网联汽车事故定责与保险机制

以不断丰富的道路测试为基础，探索完善道路测试车辆在驾驶员的操作下、自动驾驶系统操作下以及第三人过错下造成的交通事故的责任分配具体规则，明确车辆制造商、销售者、系统提供商、车辆所有人、车辆驾驶员等不同主体应承担的相应责任。北京市高级别自动驾驶示范区工作专班技术工作组注意吸纳保险企业参与工作，加强对智能网联汽车保险行业相关内容的部署和指导。结合阶段性道路测试数据，为保险公司探索建立风险模型，开展智能网联汽车保险精算和定价等工作提供支撑，为下一步制定智能网联汽车商业化阶段专属配套的保险条款提供依据，为智能网联汽车的最终商业化提供保障。

（九）加强国际国内道路测试合作从而推动产业发展

探索开展跨国、跨地区智能网联汽车道路测试示范项目，依托行业组织并充分发挥其行业协同作用，与国内外道路测试参与方一起就智能网联汽车道路测试相关的法规、标准、数据采集与存储、数据传输与网络安全、基础设施、通信方式及频段等方面开展合作，共同推进跨国、跨地区的测试示范项目落地实施，相互交流智能网联汽车的发展经验，从而推动智能网联汽车早日实现商业化。

（十）大力发展虚拟仿真测试技术与平台，将其作为道路测试的有效补充

仿真测试技术可以模拟现实中很少遇到的场景，并可以显著提升测试安全性、大幅缩短测试周期、显著扩大测试容量。此外，道路测试目前面临着监管政策对测试牌照、测试道路等限制严格以及测试成本较高等问题，而政策法规的不断调整完善需要时间，在此情况下仿真技术和仿真测试可以作为道路测试的有效补充。应大力支持虚拟仿真技术的发展，把虚拟仿真测试验证平台纳入自动驾驶基础设施建设，为促进自动驾驶汽车测试与准入检测验证等提供技术设施和“加速器”。

（执笔人：马国鑫）

附　件

附件 1

北京智能网联汽车领域重点企业简介

序号	企业名称	涉及领域	简介
1	地平线 机器人	芯片 计算平台	以边缘人工智能芯片为核心，为产业提供具备极致效能、开放易用性的赋能服务。得益于前瞻性的软硬结合理念，地平线自主研发兼具极致效能与高效灵活的边缘人工智能芯片及解决方案，可面向智能驾驶以及更广泛的智能物联网领域，提供包括效能边缘 AI 芯片、丰富算法 IP、开放工具链等在内的全面赋能服务
2	中科慧眼	摄像头	中科慧眼于 2014 年 10 月成立于北京，基于国际领先的双目视觉算法提供车载 3D 环境感知方案和主动安全系统，是国内率先推出可量产车载后装、准前装、前装立体视觉传感器的高科技公司；是国家高新技术企业、中关村前沿科技企业、中关村高新技术企业、专精特新中小企业；是国内第一家商业化落地立体视觉感知技术的公司；同时也是百度 Apollo 生态成员，百度 Apollo 基金投资的国内唯一一家智能视觉传感器高科技企业
3	双髻鲨	摄像头	北京双髻鲨科技有限公司（简称双髻鲨）成立于 2013 年，致力于双目立体视觉、图像识别和人工智能等前沿领域进行核心算法自主研发，并积极向智能汽车、机器人和智能制造领域提供软硬件一体可商业化的解决方案

续 表

序号	企业名称	涉及领域	简介
4	北科天绘	激光雷达	北科天绘科技有限公司（简称北科天绘）成立于2005年，专注于激光雷达和航空遥感技术及产品的研发和生产，是国内具备测绘、导航两大类高端激光雷达研制能力的国家高新技术企业。总部位于北京，在苏州、合肥分别设有子公司，并在北美和欧洲设有分公司和办事机构
5	北醒光子	激光雷达	北醒（北京）光子科技有限公司（简称北醒光子）是一家专注于激光雷达及其解决方案的国家高新技术企业，总部设于北京。北醒光子不断将新技术与应用相结合，辅助客户探索安全智能行驶和自动化领域，快速进入“智能”新时代
6	行易道	毫米波雷达	北京行易道科技有限公司（简称行易道）成立于2014年，是智能驾驶核心传感器系统的高科技创新企业，主营产品是77GHz车载毫米波雷达系统（近、中、远程雷达）、77/79GHz车载近程合成孔径雷达系统（SSAR）和77GHz交通雷达系统（中、远程雷达），客户包括国际一流、国内一线的主机厂及Tier1公司
7	木牛科技	毫米波雷达	北京木牛领航科技有限公司（简称木牛科技）成立于2015年，总部设在北京，拥有全自动雷达生产基地（上海嘉定）、美国Ainstein公司（堪萨斯）和美国汽车产品设计及测试中心（波士顿），专注于毫米波雷达技术创新及其在无人系统、智能系统中的应用。木牛科技在先进雷达体制、特殊天线技术、高分辨算法等技术领域不断创新，已有全球30多个国家300多家优质客户，致力于成为全球领先的智能雷达技术和方案提供商之一

续 表

序号	企业名称	涉及领域	简介
8	百度	高精度地图 计算平台 操作系统 算法 集成控制系统 V2X 通信模块 安全解决方案 云平台 自动驾驶解决方案 智能网联汽车整车	百度在 2000 年 1 月 1 日创立于中关村，是拥有强大互联网基础的领先 AI 公司。是全球为数不多的提供 AI 芯片、软件架构和应用程序等全栈 AI 技术的公司之一，被国际机构评为全球四大 AI 公司之一。在云、AI、互联网融合发展的大趋势下，百度形成了移动生态、百度智能云、智能交通、智能驾驶及更多人工智能领域前沿布局的多引擎增长新格局，积蓄起支撑未来发展的强大势能。 百度地图自 2005 年上线以来，秉持“科技让出行更简单”的品牌使命，以“科技”为手段不断探索创新，已经发展成为国内领先的互联网地图服务商。百度地图具备全球化地理信息服务能力，包括智能定位、POI（信息点）检索、路线规划、导航、路况等。 2017 年 4 月，百度发布了 Apollo 计划，向汽车行业及自动驾驶领域的合作伙伴提供一个开放、完整、安全的软件平台，帮助他们结合车辆和硬件系统，快速搭建一套属于自己的完整的自动驾驶系统。Apollo 平台是一套完整的软硬件和服务系统，包括车辆平台、硬件平台、软件平台、云端数据服务四大部分。 集度汽车有限公司成立于 2021 年 3 月，出资方为百度和吉利，双方将基于吉利最新研发的全球领先纯电动架构——浩瀚 SEA 智能进化体验架构，在智能汽车制造相关领域展开紧密合作，共同打造下一代智能汽车
9	高德	高精度地图	高德是中国领先的数字地图内容、导航和位置服务解决方案提供商。公司于 2002 年成立，具备国家甲级导航电子地图测绘和甲级航空摄影的“双甲”资质，其优质的电子地图数据库成为公司的核心竞争力

续 表

序号	企业名称	涉及领域	简介
10	四维图新	高精度地图	四维图新成立于2002年，是中国导航地图产业的开拓者。经过20余年的创新发展，四维图新已成为导航地图、导航软件、动态交通信息、位置大数据以及乘用车和商用车定制化车联网解决方案领域的领导者。如今，四维图新致力于以高精度地图、高精度定位、云服务平台以及应用于ADAS和自动驾驶的车规级芯片等核心业务，打造“智能汽车大脑”，赋能智慧出行，助力美好生活，成为中国市场乃至全球更值得客户信赖的智能出行科技公司
11	北斗星通	高精度定位	北斗星通成立于2000年9月，是我国卫星导航产业首家上市公司。今天的北斗星通已成为一家总资产超75亿元，经营机构覆盖亚洲、欧洲及北美洲的国际化产业集团，面向卫星导航、微波陶瓷器件和汽车智能网联三大业务方向，为全球用户提供卓越的产品、解决方案及服务
12	合众思壮	高精度定位	北京合众思壮科技股份有限公司（简称合众思壮）创立于1994年，是国内较早进入卫星导航定位领域的公司之一。以成为时空信息领域全球领先的高精度专业产品与服务提供商为企业愿景，合众思壮专注于时空信息领域，构建中国PNT新时空基准，发布了位置服务平台“中国位置”、全球星基增强系统平台“中国精度”和高精度时间同步应用系统“中国时间”
13	驭势科技	计算平台 算法 集成控制系统 自动驾驶解决方案 物流服务	驭势科技（北京）有限公司（简称驭势科技）是中国领先的自动驾驶公司，致力于为全行业、全场景提供AI驾驶服务，做赋能出行和物流新生态的AI驾驶员。驭势科技成立于2016年2月，总部和研发中心设立在北京，在上海嘉定和浙江嘉善分别设有研发中心、研发试制和应用创新中心。此外，在深圳、广西、成都、武汉等地均设有业务分支机构

续 表

序号	企业名称	涉及领域	简介
14	智行者	操作系统 集成控制系统 物流服务	北京智行者科技有限公司（简称智行者）成立于2015年，聚焦无人驾驶汽车的“大脑”研发，致力于成为多通用场景L4级别解决方案提供商。智行者是业内同时具备开放L4级别技术能力及限定区域L4级别落地能力的无人驾驶企业，自研的无人驾驶车辆累计测试里程已超过200万千米，位列国内无人驾驶初创企业前列
15	小马智行	操作系统 集成控制系统 自动驾驶解决方案	小马智行成立于2016年年底，致力于打造安全、可靠、先进的全栈式自动驾驶技术，具备业内领先的全栈式软件、硬件研发能力，不断迈向自动驾驶技术无人化和应用规模化，在硅谷、北京、广州、上海设有研发中心
16	中科寒武纪	芯片 算法	中科寒武纪是全球智能芯片的先行者，成立于2016年，专注于人工智能芯片产品的研发与技术创新，致力于打造人工智能领域的核心处理器芯片。中科寒武纪是目前国际上少数几家全面系统掌握了通用型智能芯片及其基础系统软件研发和产品化核心技术的企业之一，能提供云边端一体、软硬件协同、训练推理融合、具备统一生态的系列化智能芯片产品和平台化基础系统软件
17	千方科技	V2X 通信模块	千方科技是国内领先的交通行业数字化解决方案提供商，致力于将交通行业客户带入数字世界。公司以助力交通行业数字化、智能化转型为使命，依托自身在交通全业务领域覆盖、云边端全栈式技术、全要素数据及全生命周期服务等方面的核心优势，提供全域交通数字化解决方案，为行业客户创造价值

续 表

序号	企业名称	涉及领域	简介
18	360	安全解决方案	360致力于成为互联网和安全服务提供商。公司创立于2005年，是互联网免费安全的倡导者，先后推出360安全卫士、360手机卫士、360安全浏览器等安全产品。 为助力汽车制造商、智能网联汽车产业链相关企业更好地应对汽车安全新挑战，化解数字化转型中遇到的网络安全难题，360于2021年8月正式发布“车联网安全守护计划”，将逐步为智能汽车产业链上下游企业提供安全监测、检测服务，并开放部分源码，赋能汽车安全运营体系建设
19	梆梆安全	安全解决方案	北京梆梆安全科技有限公司（简称梆梆安全）通过专业的安全服务为政府、企业、开发者和消费者等客户打造安全稳固可信的网络空间生态环境，并在业务上形成以安全服务为主体，联动移动安全和物联网安全的“一体两翼”业务体系
20	中科创达	操作系统 算法 安全解决方案 智能驾驶舱	中科创达软件股份有限公司（简称中科创达）是全球领先的智能操作系统产品和技术提供商。自2008年创立以来，公司致力于提供卓越的智能操作系统产品、技术及解决方案，立足智能终端操作系统，聚焦人工智能关键技术，助力并加速智能手机、智能物联网、智能网联汽车等领域的产品化与技术创新
21	商汤科技	智能驾驶舱	商汤科技成立于2014年，是计算机视觉和深度学习领域的算法提供商。商汤科技长期致力于原创技术研究，不断增强行业领先的全栈式人工智能能力，涵盖感知智能、决策智能、智能内容生成和智能内容增强等关键技术领域，同时包含AI芯片、AI传感器及AI算力基础设施在内的关键能力。 2021年7月，商汤科技正式发布了智能汽车解决方案SenseAuto绝影，这套方案中包含了自动驾驶、智能座舱和车路协同三个方面，而自动驾驶又涵盖了L2/L2+和L4级别自动驾驶，基本上满足了量产车和测试运营车辆的需求

续 表

序号	企业名称	涉及领域	简介
22	北汽集团	集成控制系统 V2X 通信模块 电子电气架构 自动驾驶解决方案 智能网联汽车整车	北京汽车集团有限公司（简称北汽集团）是中国汽车行业的骨干企业，成立于 1958 年，总部位于北京。目前已发展成涵盖整车及零部件研发与制造、汽车服务贸易、综合出行服务、金融与投资、通用航空等业务的国有大型汽车企业集团，位列 2021 年《财富》世界 500 强第 124。 北京汽车股份有限公司成立于 2010 年 9 月 28 日，是北汽集团乘用车整车资源聚合和业务发展平台，也是北京市政府重点支持发展的企业。公司的主要业务涵盖乘用车研发、制造、销售与售后服务，乘用车核心零部件生产、汽车金融等业务，并不断延伸产业链条，提升品牌实力。 北汽蓝谷新能源科技股份有限公司（简称北汽蓝谷）是由北汽集团控股的高科技上市公司和绿色智慧出行一体化解决方案提供商。子公司北京新能源汽车股份有限公司创立于 2009 年，是我国首家独立运营、首个获得新能源汽车生产资质的企业，也是国内技术领先的新能源汽车企业之一。北汽蓝谷以技术研发和创新为核心竞争力，依托三电核心技术、智能网联和自动辅助驾驶技术，以及完备的充换电服务解决方案，为用户提供电动化、智能化、个性化的极致驾乘体验
23	理想汽车	智能网联汽车整车	理想汽车是智能电动车品牌，以创造移动的家，创造幸福的家为使命，公司于 2015 年 7 月创立，总部位于北京，自有的生产基地位于江苏常州。理想汽车的首款产品理想 ONE 于 2018 年 10 月发布，是一款智能电动中大型 SUV，搭载领先的增程电动技术与智能科技，为家庭用户提供 6 座的舒适空间

续 表

序号	企业名称	涉及领域	简介
24	神州租车	出行服务	神州租车有限公司（简称神州租车）成立于2007年9月，总部位于北京。神州租车是出行服务供应商，为个人及企业客户提供汽车租赁及车队租赁服务。公司以技术和创新作为业务推动模式，并结合有效的价值链扩张战略，为客户提供与时俱进的汽车出行解决方案，不断提升用户体验，在汽车出行服务行业的革命性变化中把握未来增长机会。神州租车的使命是以推动绿色出行和新型汽车消费文化为己任，引领中国汽车出行服务行业的发展
25	智驾出行	数据增值	北京智驾出行科技有限公司（简称智驾出行）成立于2016年10月，是国内车联网技术以及用车管理服务的领军企业，为个人、企业、政府提供基于SaaS平台的用车管理服务及大数据应用。公司自主研发的核心产品“云上管车”是基于OA办公平台与传统车辆管理平台建立的新生态，创新融合办公与用车管理的场景需求，完美解决企事业单位公车管理、私车公用、作业车辆和营运车辆监管等需求，开启移动办公时代用车管理的新篇章
26	彩虹无线	数据增值	彩虹无线于2011年6月在北京成立，公司以车联网数据为核心，基于对车、人、业务的理解，构建DT时代全新的汽车产业数字基础设施体系，并围绕数据进行商业模式和产品服务的探索创新。对主机厂内部，通过共建数智化战略、数智化组织能力、数智化业务升级和数智化产品服务创新，帮助主机厂构建DT时代全新的数字基础设施体系，实现数据驱动的智能决策，降低运营成本，提升运营效率，提升创新能力，提高企业收入，精准获取新用户，提升客户满意度和忠诚度

附件 2

智能网联汽车产业发展政策名录

表 1　　国家层面支持智能网联汽车产业发展的政策法规一览

类型	时间	政策/法规名称	发布单位
战略规划	2022 年 1 月 18 日	“十四五”现代综合交通运输体系发展规划	国务院
	2021 年 2 月 24 日	国家综合立体交通网规划纲要	国务院
	2020 年 10 月 20 日	新能源汽车产业发展规划（2021—2035 年）	国务院
	2020 年 2 月 10 日	智能汽车创新发展战略	国家发展改革委、中央网信办、科技部、工业和信息化部、公安部、财政部、自然资源部、住房城乡建设部、交通运输部、商务部、市场监管总局
	2019 年 7 月 25 日	数字交通发展规划纲要	交通运输部
	2017 年 4 月 6 日	汽车产业中长期发展规划	工业和信息化部、国家发展改革委、科技部
产业指导	2021 年 2 月 20 日	国家车联网产业标准体系建设指南（智能交通相关）	工业和信息化部、交通运输部、国家标准化管理委员会
	2020 年 4 月 15 日	国家车联网产业标准体系建设指南（车辆智能管理）	工业和信息化部、公安部、国家标准化管理委员会

续 表

类型	时间	政策/法规名称	发布单位
产业指导	2018年6月8日	国家车联网产业标准体系建设指南（总体要求）	工业和信息化部、国家标准化管理委员会
	2017年12月27日	国家车联网产业标准体系建设指南（智能网联汽车）	工业和信息化部、国家标准化管理委员会
	2020年5月7日	关于深入推进移动物联网全面发展的通知	工业和信息化部办公厅
	2020年4月3日	道路机动车辆产品准入新技术、新工艺、新材料应用评估办法（征求意见稿）	工业和信息化部
	2019年12月9日	推进综合交通运输大数据发展行动纲要（2020—2025年）	交通运输部
	2020年12月27日	鼓励外商投资产业目录（2020年版）	国家发展改革委、商务部
	2018年12月25日	车联网（智能网联汽车）产业发展行动计划	工业和信息化部
	2017年11月19日	关于深化“互联网+先进制造业”发展工业互联网的指导意见	国务院
技术标准	2020年5月12日	2020年工业通信业标准化工作要点	工业和信息化部
	2020年4月24日	公路工程适应自动驾驶附属设施总体技术规范（征求意见稿）	交通运输部
	2020年4月16日	2020年智能网联汽车标准化工作要点	工业和信息化部
	2020年3月9日	《汽车驾驶自动化分级》推荐性国家标准报批公示	工业和信息化部

续 表

类型	时间	政策/法规名称	发布单位
信息通信	2020年3月24日	关于推动5G加快发展的通知	工业和信息化部
网络安全	2021年4月7日	智能网联汽车生产企业及产品准入管理指南（试行）（征求意见稿）	工业和信息化部
	2019年7月26日	加强工业互联网安全工作的指导意见	工业和信息化部、教育部、人力资源社会保障部、生态环境部、国家卫生健康委、应急部、国务院国资委、市场监管总局、国家能源局、国家国防科工局
	2019年5月15日	关于公布网络安全技术应用试点示范项目名单的通知	工业和信息化部办公厅
高精度地图	2020年9月28日	测绘资质管理办法（征求意见稿）	自然资源部
	2020年6月18日	测绘地理信息管理工作国家秘密范围的规定	自然资源部、国家保密局
	2017年11月28日	地图审核管理规定	国土资源部①
	2016年2月3日	关于加强自动驾驶地图生产测试与应用管理的通知	国家测绘局
	2013年8月2日	关于进一步规范重要地理信息在公开地图上表示的通知	国家测绘局
	2009年12月28日	关于加强互联网地图管理工作的通知	国家测绘局
	2007年11月19日	关于导航电子地图管理有关规定的通知	国家测绘局
	2006年3月15日	导航电子地图安全处理技术基本要求（GB 20263—2006）	国家测绘局

① 现自然资源部。

续 表

类型	时间	政策/法规名称	发布单位
基础设施	2020 年 8 月 3 日	交通运输部关于推动交通运输领域新型基础设施建设的指导意见	交通运输部
	2021 年 3 月 22 日	加快培育新型消费实施方案	国家发展改革委、中央网信办、教育部、工业和信息化部、财政部、人力资源社会保障部、自然资源部、住房城乡建设部、交通运输部、农业农村部、商务部、文化和旅游部、国家卫生健康委、人民银行、海关总署、税务总局、市场监管总局、广电总局、体育总局、国家统计局、国家医保局、国家版权局、银保监会、证监会、国家邮政局、国家中医药局、国家药监局、国家知识产权局
示范区建设	2021 年 1 月 7 日	支持重庆（两江新区）创建国家级车联网先导区	工业和信息化部
	2020 年 10 月 13 日	支持湖南（长沙）创建国家级车联网先导区	工业和信息化部
	2019 年 12 月 20 日	支持天津（西青）创建国家级车联网先导区	工业和信息化部
	2019 年 5 月 13 日	支持创建江苏（无锡）车联网先导区	工业和信息化部

表 2　　北京市支持智能网联汽车产业发展的政策法规一览

类型	时间	政策/法规名称	发布单位
重大规划	2021 年 7 月 30 日	北京市关于加快建设全球数字经济标杆城市的实施方案	北京市委办公厅、北京市人民政府办公厅

续 表

类型	时间	政策/法规名称	发布单位
重大规划	2021年3月5日	北京市“十四五”时期智慧城市发展行动纲要	北京市经济和信息化局
	2021年8月11日	北京市“十四五”时期高精尖产业发展规划	北京市人民政府
	2020年8月28日	深化北京市新一轮服务业扩大开放综合试点建设国家服务业扩大开放综合示范区工作方案	国务院
产业指导	2019年1月21日	北京市5G产业发展行动方案（2019—2022年）	北京市经济和信息化局
	2018年12月20日	北京市智能网联汽车创新发展行动方案（2019—2022年）	北京市经济和信息化局
	2020年11月12日	北京市自动驾驶车辆道路测试管理实施细则（试行）	北京市交通委、市公安局公安交通管理局、市经济和信息化局
	2019年9月2日	北京市自动驾驶车辆测试道路要求（试行）	北京市交通委、市公安局公安交通管理局、市经济和信息化局
	2019年6月25日	北京市自动驾驶车辆测试道路管理办法（试行）	北京市交通委、市公安局公安交通管理局、市经济和信息化局
	2018年8月9日	北京市关于加快推进自动驾驶车辆道路测试有关工作的指导意见（试行）	北京市交通委、市公安局公安交通管理局、市经济信息化委
	2018年2月2日	北京市自动驾驶车辆封闭测试场地技术要求（试行）	北京市经济信息化委、市交通委、市公安交通管理局
	2018年2月2日	北京市自动驾驶车辆道路测试能力评估内容与方法（试行）	北京市经济信息化委、市交通委、市公安交通管理局

续 表

类型	时间	政策/法规名称	发布单位
高精度地图	2020年12月22日	北京市智能汽车基础地图应用试点暂行规定	北京市规划自然资源委、市经济和信息化局
	2020年9月19日	“智能汽车基础地图应用试点”有关举措	北京市交通委、市规划自然资源委、市公安局公安交通管理局
	2019年12月31日	关于车联网（智能网联汽车）和自动驾驶地图应用试点的合作协议	工信部、自然资源部、北京市人民政府
基础设施	2020年6月9日	北京市加快新型基础设施建设行动方案（2020—2022年）	北京市委、北京市人民政府
各区进展	2022年3月31日	北京市智能网联政策先行区智能网联客运巴士道路测试、示范应用管理实施细则（试行）	经开区
	2021年11月25日	北京市智能网联汽车政策先行区自动驾驶出行服务商业化试点管理实施细则（试行）	经开区
	2021年4月19日	北京市智能网联汽车政策先行区总体实施方案	北京市经济和信息化局、经开区
	2020年9月19日	北京市高级别自动驾驶示范区建设方案	经开区
	2019年6月5日	关于支持中关村科学城智能网联汽车产业创新引领发展的十五条措施	海淀区
	2018年10月21日	顺义区智能网联汽车创新生态示范区发展规划（2018—2025）	顺义区

表3　部分省（市）支持智能网联汽车产业发展的政策法规名录

省/市	时间	政策/法规名称	发布单位
上海	2017年1月6日	上海市智能网联汽车产业创新工程实施方案	上海市政府办公厅
	2020年4月29日	上海市推进新型基础设施建设行动方案（2020—2022年）	上海市人民政府
	2018年2月22日	上海市智能网联汽车道路测试管理办法（试行）	上海市经信委、市公安局、市交通委
天津	2021年2月27日	天津市新型基础设施建设三年行动方案（2021—2023年）	天津市政府办公厅
	2019年12月4日	天津市车联网（智能网联汽车）产业发展行动计划	天津市落实制造强国战略暨全国先进制造研发基地建设领导小组办公室
	2018年6月21日	天津市智能网联汽车道路测试管理办法（试行）	天津市交通运输委、市工信委、市公安局
深圳	2022年6月23日	深圳经济特区智能网联汽车管理条例	深圳市第七届人大常委会
	2020年5月19日	深圳市关于支持智能网联汽车发展的若干措施	深圳市发展改革委
	2020年7月14日	深圳市人民政府关于加快推进新型基础设施建设的实施意见（2020—2025年）	深圳市人民政府
	2018年5月22日	深圳市关于贯彻落实《智能网联汽车道路测试管理规范（试行）》的实施意见	深圳市交通运输委、市发展改革委、市经贸信息委、市公安局交通警察局
江苏	2020年4月30日	江苏省关于加快新型信息基础设施建设扩大信息消费的若干政策措施	江苏省政府办公厅

续　表

省/市	时间	政策/法规名称	发布单位
江苏	2019 年 6 月 12 日	江苏省推进车联网（智能网联汽车）产业发展行动计划（2019—2021 年）	江苏省工信厅、省发展改革委、省科技厅等
	2018 年 12 月 6 日	江苏省智能网联汽车标准体系建设指南	江苏省工业和信息化厅、省市场监管局
浙江	2020 年 5 月 28 日	杭州市建设交通强国示范城市行动计划（2020—2025 年）	杭州市政府办公厅
	2019 年 11 月 18 日	浙江省车联网（智能网联汽车）产业发展行动方案（2019—2022 年）	浙江省经济和信息化厅、省科技厅、省交通运输厅
	2019 年 10 月 31 日	浙江省智能汽车创新发展规划（2020—2025）	浙江省发展改革委
	2018 年 7 月 16 日	杭州市智能网联车辆道路测试管理实施细则（试行）	杭州市经信委、市公安局、市交通运输局
四川	2020 年 9 月 29 日	四川省支持新能源与智能汽车产业发展若干政策措施	四川省人民政府
	2020 年 9 月 8 日	四川省加快推进新型基础设施建设行动方案（2020—2022 年）	四川省人民政府
	2020 年 5 月 12 日	四川省关于推进智能网联汽车产业发展的通知	四川省经济和信息化厅、省发展改革委等

参考文献

［1］车云，陈卓．智能汽车：决战2020［M］．北京：北京理工大学出版社，2018.

［2］中国汽车工程学会．节能与新能源汽车技术路线图2.0［M］．北京：机械工业出版社，2021.

［3］崔胜民．智能网联汽车概论［M］．北京：人民邮电出版社，2019.

［4］中国汽车工程学会，国汽（北京）智能网联汽车研究院有限公司．中国智能网联汽车产业发展报告（2020）［M］．北京：社会科学文献出版社，2020.

［5］左任婧，陈君毅．国内外智能网联汽车试验场的发展现状［J］．北京汽车，2018（1）：7－11.

［6］刘天洋，余卓平，熊璐，等．智能网联汽车试验场发展现状与建设建议［J］．汽车技术，2017（1）：7－11，32.

［7］于胜波，陈桂华，李乔，等．国内外智能网联汽车道路测试对比研究［J］．汽车文摘，2020（2）：29－36.

［8］迈克尔·波特．国家竞争优势［M］．北京：中信出版社，2012.

［9］王文东．汽车产业集群竞争力区域比较——以长春、北京、天津、上海、重庆和广州为例［D］．天津：天津商业大学，2018.

［10］黎礼昕．德国斯图加特地区汽车产业集群支持体系与竞争优势研究［D］．广州：广东外语外贸大学，2020.

［11］费皓博．日本九州地区汽车产业集群发展研究［D］．长春：吉林大学，2018.

［12］雷鹏．谈北京汽车产业集群的发展［J］．兰州学刊，2005（2）：95－97.

［13］中国电子信息产业发展研究院，工业和信息化部装备工业发展中心．全球智能网联汽车产业地图［EB/OL］．［2022－01－20］．https//www.doc88.com/p－03647124109252.html.

［14］颜炳祥，王立新．全球化背景下的我国汽车产业集群竞争力研究［J］．科技进步与对策，2007，24（9）：170－173.

［15］胡鑫，谢卉瑜，赵鹏超，等．智能网联汽车产业发展形势研究［J］．时代汽车，2019（18）：135－137.

［16］卢昕．中国汽车业的国际竞争力分析［D］．杭州：浙江工业大学，2009.

［17］国家市场监督管理总局，中国国家标准化管理委员会．汽车驾驶自动化分级：GB/T 40429—2021［S/OL］．［2022－11－20］．http：//openstd.samr.gov.cn/bzgk/gb/newGbInfo？hcno＝4754CB1B7AD798F288C52D916BFECA34.

［18］工业和信息化部，国家标准化管理委员会．国家车联网产业标准体系建设指南（智能网联汽车）［EB/OL］．［2020－01－02］．https：//www.miit.gov.cn/zwgk/zcwj/wjfb/zh/art/2020/art_dd83902198af456c850e54206adf7aaa.html.

［19］国家智能网联汽车创新中心，中国汽车工程学会．中国城市智能网联汽车产业发展综合评价指数和发展指南（智能网联汽车城市发展指南）［R/OL］．［2022－01－20］．https：//max.book118.com/html/2022/0317/5201302322004201.shtm.

［20］中关村智通智能交通产业联盟，北京智能车联产业创新中心．北京市自动驾驶车辆道路测试报告（2020年）［R/OL］．［2022－01－20］．http：//www.mzone.site/Uploads/Download/2021－02－09/6021eebaccba2.pdf.

［21］上海市交通委员会．上海市智能网联汽车开放道路测试报告（2020年）［R/OL］．［2022－01－20］．https：//jtw.sh.gov.cn/cmsres/12/1287c1b362804e6db18f420ab5e4373f/3e51826a2278a36b76ecb29ed2e71ae1.pdf.

［22］雷林松．全球价值链下汽车产业集群发展研究［J］．汽车工业研究，2008（2）：22－28.

［23］建设华科投资股份有限公司．中国智能汽车科技强国之路［M］．北京：经济管理出版社，2021.